EL CÓDIGO

12 prioridades
que todo hombre debe conocer

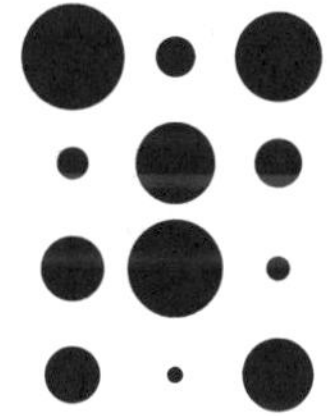

Mark Henry

La misión de Editorial Portavoz consiste en desarrollar y distribuir productos de calidad —con integridad y excelencia—, desde una perspectiva bíblica y confiable, que animen a las personas a conocer y servir a Jesucristo.

THE MAN CODE

Published by Harvest House Publishers
Eugene, Oregon 97408
www.harvesthousepublishers.com

Traducción: Rodrigo Hinojosa

Las cursivas añadidas en los versículos bíblicos son énfasis del autor.

EDITORIAL PORTAVOZ
2450 Oak Industrial Drive NE
Grand Rapids, MI 49505 USA
Visítenos en: www.portavoz.com

ISBN 978-0-8254-5123-2 (rústica)
ISBN 978-0-8254-5129-4 (Kindle)
ISBN 978-0-8254-5131-7 (epub)

1 2 3 4 5 edición / año 34 33 32 31 30 29 28 27 26 25

Impreso en los Estados Unidos de América
Printed in the United States of America

Este libro está dedicado a la gloria y al gozo de Dios.

Que Él lo use como mejor le parezca en la vida de nuestros nietos Zeke, Ben, Eli, Jo, Zach y Gabe, así como en la de muchos otros de su generación y de las siguientes.

Nuestro anhelo es que vivan como hombres de verdad.

RECONOCIMIENTOS

Doy gracias a Dios…

por las dos mujeres que más han formado e influenciado mi vida: mi esposa, Jera, que ha recorrido este trayecto espiritual conmigo durante más de treinta y cinco años; y mi madre, Catherine, que nos ha apoyado a Jera y a mí durante todo este tiempo. Damas, este libro es producto de su sudor y lágrimas, tanto como de los míos.

por mis tres hijos en la carne: Missy, Jon y Ron. Ustedes han sido el terreno de pruebas de todo lo que este libro contiene. Ustedes me hacen sentir orgulloso. Josh, Rebecca y Kelsea (mis tres hijos por matrimonio), son los beneficiarios en primera instancia de este libro. Oro para que este los siga bendiciendo siempre.

por los "hombres de verdad" que se pusieron en la brecha y que me ejemplificaron a Jesucristo: ustedes tomaron a Dios en serio y vivieron bien. Han dejado su marca en toda mi vida y en este libro. Me refiero a los hombres de First Baptist Church en Hemet, Grace Bible Church en Battlement Mesa, Monument View Bible Church en Fruita, Cornerstone Church en Simi Valley y Revive Church en Brooklyn Park.

CONTENIDO

PARTE 5: LOS HOMBRES DE VERDAD MUESTRAN CONSIDERACIÓN

PARTE 6: LOS HOMBRES DE VERDAD PROTEGEN A LOS DEMÁS

PARTE 7: LOS HOMBRES DE VERDAD TRABAJAN CON DILIGENCIA

PARTE 8: LOS HOMBRES DE VERDAD RESPETAN A LA AUTORIDAD

PARTE 9: LOS HOMBRES DE VERDAD HONRAN A SU ESPOSA

PARTE 10: LOS HOMBRES DE VERDAD INSTRUYEN A SUS HIJOS

PARTE 11: LOS HOMBRES DE VERDAD NO ABANDONAN A SU FAMILIA

PARTE 12: LOS HOMBRES DE VERDAD AMAN EL EVANGELIO Y A LA IGLESIA

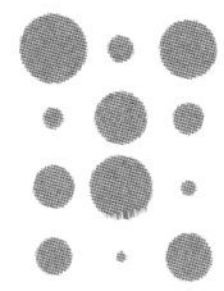

EL DISEÑO DE DIOS PARA LOS HOMBRES

El Código ha sido una aventura personal. En un sentido, comenzó cuando me volví seguidor de Jesús y empecé a dedicarme a estudiar su Palabra. Sin embargo, en otro sentido, el trayecto se remonta a algo que sucedió cuando tenía cinco años: mi padre se suicidó.

A esa edad, no tenía forma de entender lo que él había hecho. Décadas más tarde, sigo sin entenderlo, pero ahora tengo una perspectiva adulta como cristiano; esto marca una diferencia total en mi respuesta a su acción.

Con un trasfondo tan doloroso, tal vez pienses que el trayecto de *El Código* será triste. Al contrario, será un viaje lleno de descubrimientos y de satisfacción. Este inicio terrible me movió a buscar la perspectiva de Dios sobre el rol del varón en su creación. Lo que encontré me inspiró y me retribuyó muchísimo.

En este libro, uso con frecuencia el término *hombres de verdad* porque tiene una connotación poderosa en nuestra cultura. Dos chicos están frente a una zanja. Uno de ellos salta hasta el otro lado. El otro la mira con renuencia. El primero le dice al otro: "Anda, salta. ¡Sé un hombre!". Todos sabemos lo que esto significa. "Sé valiente. Sé fuerte. Ten coraje". Es interesante que el apóstol Pablo pronunció una exhortación similar en 1 Corintios 16:13: "portaos varonilmente, y esforzaos". Aunque Pablo estaba escribiendo a creyentes tanto de sexo masculino como femenino, él estableció una conexión entre la hombría y la fuerza.

Además de su fuerza y de tener un cromosoma X y uno Y, el aspecto más importante de ser un hombre de verdad es ser un hombre de Dios. Como creador, Dios diseñó al hombre de una cierta manera y todo hombre que obedece este diseño es un hombre de verdad. Este escucha el llamado de Dios, acepta a Jesús como Señor, vive para los propósitos de Dios, se mantiene centrado, actúa con un sentido de deber y de responsabilidad, practica el carácter piadoso, utiliza su fuerza para proteger a otros, trabaja con diligencia, respeta la autoridad, alienta y cultiva a su familia y hace avanzar la obra de Dios. Este es el hombre que Dios creó y nos llamó a ser.

Dios también creó a las mujeres con fuerza, valentía y agallas, al igual que a los hombres. Entre los sexos existen similitudes, así como diferencias. Sin embargo, las diferencias son reales. Estas diferencias son muchas, son maravillosas y Dios tiene un propósito para ellas. Es lamentable que nuestra sociedad esté obsesionada con eliminar estas diferencias. Al hacerlo, está yendo en contra del diseño de Dios.

La realidad de que existen diferencias no significa que Dios valore más a uno que a otro. Dios ama a mujeres y hombres por igual. A sus ojos, ambos tienen el mismo valor. Son igual de importantes. Sin embargo, para entender el llamado de Dios en nuestra vida, debemos reconocer las diferencias que ha creado entre los hombres y las mujeres.

La cultura actual se jacta de decirnos: "Sé tú mismo", pero no cuando se trata de las formas distintas en las que Dios creó a los hombres y a las mujeres. La sociedad nos dice que las niñas deben portarse como niños y que los niños deben portarse como niñas. El resultado es una confusión perjudicial… que llega a veces hasta el punto de una enfermedad mental.

Los hombres y las mujeres somos diferentes. No debemos desalentar estas diferencias; debemos celebrarlas. En contraste, la sociedad celebra la diversidad en casi todos los ámbitos menos en este. Niega la diversidad entre varón y mujer. El sentido común lo confirma, pero la policía ideológica nos dice que es sexista hasta mencionar las diferencias. Esta negación de las verdades fundamentales respecto a los sexos ha provocado cosas terribles tanto en los hombres como en las mujeres, y lo peor de todo es lo que ocasiona en los niños y niñas.

No tiene nada de malo ser un hombre. No tiene nada de malo ser una mujer. Debemos aceptar y disfrutar la forma en la que Dios nos hizo. Este fue su plan desde el principio.

Este libro se concentra de forma específica en el llamado de Dios hacia los hombres. La intención de esto no es hacer menos a la mujer, sino más bien ayudar a ambos.

Salva, oh Jehová, porque se acabaron los piadosos;
Porque han desaparecido los fieles de entre los hijos de los hombres.

SALMOS 12:1

Ya no estoy seguro de que tengamos los hombres que necesita
nuestra nación para defenderla de las amenazas externas.

SARGENTO DEL EJÉRCITO

No puedo encontrar a ningún hombre adecuado para casarme.

MUJER DE 28 AÑOS

Entrevisté hoy a diez varones para el puesto, pero no
creo que ninguno de ellos sepa cómo trabajar.

DUEÑO DE NEGOCIO

¿Existe algún hombre piadoso que pueda mentorear a mi hijo?

MADRE SOLTERA

No puedo encontrar a un varón adecuado para dirigir
un estudio bíblico ni para servir como anciano.

PASTOR LOCAL

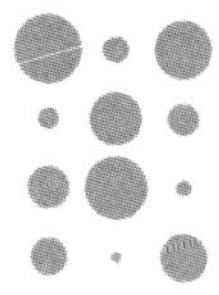

1

ESTAMOS EN CRISIS

Los medios populares representan a los hombres de muchas maneras negativas. Las comedias, los anuncios de televisión y hasta los libros de cómics pintan a los hombres como seres débiles, ineptos, torpes, poco confiables, avariciosos, iracundos, egoístas, peligrosos, no aptos para puestos de autoridad y tontos. En general, describen la masculinidad como algo tóxico y hasta letal.

Menospreciar al varón es popular, moderno y está de moda. Si cuentas un chiste respecto a la incompetencia o pereza de un hombre, te asegurarás algunas carcajadas. Si cuentas un chiste similar respecto a una mujer, la sociedad te etiquetará de políticamente incorrecto y de promotor de discursos de odio.

En la mayoría de las universidades importantes, el campo de los estudios de género se trata más de desmeritar al varón que de estudiar de forma objetiva las complejidades intrínsecas en la masculinidad y la feminidad. Se les enseña a los estudiantes a ver a los hombres y a los niños como ególatras y opresores.

Sin embargo, la realidad es que están en crisis.

LAS DIMENSIONES DE LA CRISIS

Puede que hayas escuchado que, en la escuela, a las niñas les va mejor en materias que requieren habilidades verbales y a los niños en matemáticas y ciencias. Esto solía ser así. Sin embargo, ahora, las niñas se desempeñan mejor en todas las disciplinas académicas.[1] Esto no es porque las niñas hayan mejorado, sino más bien porque los niños han empeorado. Este declive provoca la pregunta: ¿por qué? Y será mejor que encontremos respuestas, porque está en juego nada menos que el futuro de la civilización humana.

La Radio Pública Nacional (NPR, por sus siglas en inglés) reporta lo siguiente: "Un nuevo estudio demuestra que, en el salón de clases, las niñas mandan. Se desempeñan mejor que los niños en matemáticas, ciencias y habilidad lectora en el 70% de los más de 70 países y regiones sondeadas por la Organización para la Cooperación y el Desarrollo Económicos. Las niñas tienen mejores resultados incluso en los países que tienen puestos bajos en el índice de igualdad de género de las Naciones Unidas".[2]

Según el Departamento de Educación de Estados Unidos, 134 mujeres se gradúan de la universidad por cada 100 graduados varones.[3] Esto no sucede solo en títulos de licenciatura. Bloomberg informa que, "desde 2017, las mujeres de entre 18 y 24 años han completado dos terceras partes más maestrías que los hombres; esto significa que hubo 167 mujeres con maestría por cada 100 varones".[4]

Es genial que muchas mujeres estén obteniendo títulos universitarios, pero el desequilibrio creciente entre los hombres y las mujeres provoca la pregunta evidente: ¿Qué sucede con los hombres y los niños? Un examen más profundo demuestra que el problema va mucho más allá del ámbito educativo. En general, los niños están en problemas. También lo están sus contrapartes adultas.

El Dr. Warren Farrell, un prominente autor y educador, dice que una parte importante del problema es lo que llama "niños sin papá". En un evento de TEDx en el condado de Marin en 2016, afirmó: "Las cárceles son básicamente centros para niños sin papá. En California, desde 1980, hemos construido 18 nuevas prisiones [...]. Ha habido un incremento del 700% en la cantidad de presos en Estados Unidos desde 1972. El 93% de estos presos son varones, sobre todo niños que no tuvieron un papá".[5]

Desde el incidente de Columbine en 1999, ha habido 389 tiroteos en escuelas. Durante este tiempo, "más de 357.000 estudiantes han experimentado violencia por arma de fuego", según *The Washington Post*.[6]

Prácticamente todos han sido perpetrados por varones. Algunos consideran que la solución es un control de armas más estricto, pero, en el mejor de los casos, sería solo un parche; no abordaría el problema más profundo. Las armas de fuego no son nuevas, pero estos grandes números de tiroteos en escuelas sí lo son. ¿Qué cambió? En específico, ¿qué cambió para los niños?

UNA EPIDEMIA DE DESESPERANZA

Muchos achacan estos tiroteos a enfermedades mentales. Sin embargo, esto provoca otra pregunta más: ¿Por qué hay una crisis de salud mental en Estados Unidos y en otros países del primer mundo? Según la Alianza Nacional sobre las Enfermedades Mentales, en 2020, el 22,8% de los adultos estadounidenses fueron diagnosticados con alguna forma de enfermedad mental.[7] ¡Esto es uno de cada cinco!

No olvidemos cuánto ha bajado el estándar nuestra sociedad en este ámbito. Ahora, hay muchos que consideran que es sano y normal que un niño crea que es una niña y viceversa.

En respuesta, la sociedad se enfoca en los síntomas o reduce los estándares de lo que se considera normal. En palabras de la memorable frase del senador Daniel Patrick Moynihan, la sociedad "está recortando la definición de lo aberrante".[8] ¿No deberíamos preguntarnos si la sociedad tomó el camino equivocado en algún punto?

Incluso antes de la pandemia de COVID-19, Estados Unidos gastaba casi el 18% de su producto interior bruto en asistencia médica. Durante décadas, hemos gastado desmedidamente en curar enfermedades, crear mejores medicamentos, construir una mejor infraestructura de asistencia médica y una mejor tecnología de salud. Sería de esperar que estas cantidades estratosféricas de dinero y los muchos avances médicos se estén reflejando ahora en vidas más largas y sanas. No obstante, en 2015, la expectativa de vida del estadounidense promedio comenzó a disminuir.[9] Al escribir este libro, sigue cayendo.

¿Por qué comenzó a reducirse la expectativa de vida para el estadounidense promedio cinco años *antes* de la pandemia de COVID-19? La respuesta puede describirse como una epidemia de desesperación.

Los Centros para el Control y la Prevención de Enfermedades (CDC, por sus siglas en inglés) explican esta reducción con el incremento de sobredosis por drogas, el número siempre creciente de suicidios y el aumento en enfermedades hepáticas (esto último se atribuye al incremento en el consumo de alcohol). La gente consume drogas y alcohol en un intento por automedicarse contra la desesperación. El suicidio es su expresión máxima.

Los estadounidenses, en especial los hombres y los niños, mueren más jóvenes porque los están matando la desesperanza y la desesperación.

Antes de los nueve años, la estadística de suicidio en niños y niñas es igual de baja. Sin embargo, entre los 10 y los 14 años, cometen suicidio casi cuatro veces más niños que niñas.[10] Entre los 15 y los 19, los niños se quitan la vida 3,31 veces más que las niñas.[11] Cuando se trata de adultos jóvenes, este número se dispara a más de cuatro veces.[12]

EN BUSCA DE EJEMPLOS MASCULINOS A SEGUIR

Casi todos concuerdan en que uno de los principales problemas es la falta de ejemplos masculinos a seguir en la vida de los niños. Esto hace que el problema se autoperpetúe. Los hombres ausentes en una generación crean más hombres ausentes en la siguiente… y así sucesivamente. Es posible detener este ciclo, pero solo si lidiamos con él.

Incluso cuando el padre figura en la vida del niño, no siempre está allí presente. Entre los niños que tienen a papá en su vida, el promedio de conversación entre ellos es de 30 *minutos* por semana.[13] Mientras tanto, los niños pasan un promedio de 44 *horas* por semana con su teléfono, mirando televisión, en la computadora y frente a otros tipos de pantallas.[14]

El niño encontrará un ejemplo a seguir. Si el papá no lo hace, alguien más lo hará. En otras palabras, si no quieres que la última celebridad de moda se convierta en el mentor de tu hijo, no le entregues el puesto.

Los niños tienden a imitar a las estrellas de los deportes o del entretenimiento; por tanto, es importante considerar qué cosas están aprendiendo de ellas. Ellos copiarán los valores, las actitudes y los comportamientos negativos a menos que un padre intervenga y les enseñe a diferenciar entre lo bueno y lo malo.

LO QUE SEMBRAMOS EN LOS NIÑOS LO COSECHAMOS EN LOS HOMBRES

Los educadores, los clérigos, los sociólogos y los psicólogos llevan décadas hablando de una crisis entre los niños. A estas alturas, la crisis infantil se ha convertido en una crisis de adultos. Hay grandes cantidades de hombres que no han crecido. En algunos casos, es porque nunca aprendieron a ser responsables. En otros, es porque nunca se les enseñó a tomar decisiones buenas y correctas. Tienen grandes problemas con adicciones a la pornografía[15] y a los videojuegos.[16] Algunos siguen viviendo con mamá y papá o dependen de ellos demasiado.

El Dr. Farrell, un politólogo y autor, describe cómo los niños y los jóvenes están en modo "hedonismo presente".[17] Dictionary.com define la palabra *hedonista* como "una persona cuya vida está dedicada a la búsqueda del placer y de la gratificación personal". Si la perspectiva de una persona es de "hedonismo presente", esto significa que su objetivo es la búsqueda del placer y de la gratificación personal *en este momento*. La idea de esta persona es buscar el placer inmediato y evitar los sacrificios o las dificultades. Casi nunca planea el futuro más allá de las siguientes cuantas horas y no se prepara para contingencias. No tiene planes a largo plazo. Su vida carece de rumbo.

Los niños y los hombres han caído en una terrible espiral descendente. Esta crisis se perpetúa y se multiplica sola.

RESPUESTAS

Gracias a Dios, con su ayuda, podemos detener la espiral descendente y el ciclo de padres ausentes y niños destrozados. Sin embargo, debemos enfrentar el problema de lleno. En uno u otro sentido, este afecta también la vida de muchos otros. No podemos sostener nuestro nivel presente de civilización sin un giro radical. En términos bíblicos, *un giro radical* significa "arrepentimiento".

Necesitamos regresar a la definición bíblica de la masculinidad... y necesitamos hacerlo ahora.

Velad, estad firmes en la fe;
portaos varonilmente, y esforzaos.
1 CORINTIOS 16:13

Un hombre debe tener un código,
un credo por el cual vivir, sin importar su profesión.[1]
JOHN WAYNE

Un cadete no miente, ni estafa, ni roba,
ni tolera a quienes lo hacen.[2]
CÓDIGO DE HONOR PARA CADETES DE WEST POINT

Deber, honor, patria.[3]
GENERAL DOUGLAS MACARTHUR

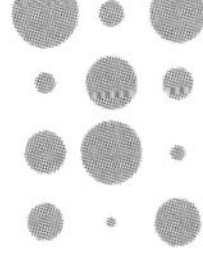

2

EL CÓDIGO DE LOS HOMBRES

La muerte de mi padre creó en mí una necesidad profunda de entender la definición de Dios de la masculinidad. Cuando tenía unos catorce años y recién me había convertido en cristiano, tuve una serie de encuentros con un grupo interesante de varones. Todos tenían entre los treinta y los cincuenta años... y todos eran ex marines. Eran veteranos de la guerra y más duros que el diamante. Habían visto y sobrevivido a cosas indescriptibles. Habían superado el miedo y el dolor.

En una ocasión, nos sentamos juntos en un garaje y comencé a escuchar sus historias. En combate, podían hacer (y habían hecho) cosas sorprendentes. Como adolescente, sus actitudes, conversaciones y hombría cautivaron mi atención. Yo los admiraba y, sí, había mucho en ellos que admirar. Y, como recién convertido, ya había llegado a pasajes como: "Velad, estad firmes en la fe; portaos varonilmente, y esforzaos". La frase "portaos varonilmente" me intrigaba.

A medida que escuchaba a estos hombres conversar en el garaje, comparé ese "portarse varonilmente" con lo que estaba escuchando. Yo creía que "portarse varonilmente" debía incluir valentía física. Estos hombres desbordaban de ella. Habían puesto en riesgo su propia vida por el bien de su país y de su familia. Más que solo guerreros, tenían un propósito: la libertad, la seguridad y el bienestar de una nación.

Mientras los miraba aquel día en el garaje, la gloria del campo de batalla parecía lejana. Y, tristemente, habían reducido la masculinidad a beber, emborracharse y seducir mujeres. Yo siempre admiraré ciertos aspectos de sus vidas; sin embargo, aquel día, por la gracia de Dios, comencé a ver la verdad. Estaban destruidos.

ELEMENTOS CLAVE DEL CÓDIGO DE LOS HOMBRES

La exhortación de Dios, "portaos varonilmente", debía significar más que esto. Así que regresé a la Biblia, decidido a descubrir la definición que Dios le daba a la masculinidad. Allí comencé a trabajar en lo que ahora llamo el "Código de los Hombres". Yo quería saber lo que Dios espera de un hombre. Como la Biblia es atemporal, la expectativa de Dios siempre implica más que las últimas modas. No sería suficiente que los principios de la verdadera masculinidad fueran solo inspiradores o influyentes; tendrían que ser *transformadores.*

No quería confiar en mis propias ideas ni en el ingenio que pudiera inventarme. Necesitaba desarrollar algo mejor que eso… infinitamente mejor. De lo contrario, las ideas que salieran de mi mente se convertirían únicamente en otra guía de ciegos para ciegos (Mateo 15:14). Yo quería la guía del propio Dios. Él es nuestro Diseñador y Hacedor. De manera que las ideas y principios tendrían que ser *bíblicos.*

También deberían ser *transferibles* a otros. No podían solo servir para un individuo. Yo quería verdades y principios que pudiera transferir a otros hombres, así como a mis hijos.

Principios transformadores

Para millones de varones, algo falta. Algo ha ido mal. Un tremendo número de hombres se sienten confundidos, agotados, culpables y deprimidos. Para corregir la situación, es necesario más que un discurso motivacional. Necesitan más que otra bebida o fumada. Necesitan propósito y dirección. Necesitan algo real y poderoso… lo suficientemente real y poderoso para transformarlos. Y la transformación debe ser permanente.

Los cambios superficiales son insuficientes. No basta una nueva máscara. Lo que necesitamos es algo que reformule nuestra estructura básica… nuestro fundamento y marco. Transformarse significa convertirse en algo nuevo.

Principios bíblicos

El elemento más importante del Código de los Hombres es que está fundamentado en la verdad de Dios. El mundo no necesita otro ejercicio más para sentirse bien. Necesita respuestas de Dios mismo. Estas respuestas provienen de la propia Palabra de Dios.

El personaje principal de la Biblia es Jesús. Él es también el personaje principal de la historia. Las voces que gritan opiniones no son raras. Hay un caos de ideas, palabras, impresiones, temores, rencores, amores y pasiones que saturan el mundo. Sin embargo, Jesús está por encima de todo esto. Solo Él habló como Dios en carne humana. Solo Él, de entre todas las personas de todas las épocas, murió y resucitó de entre los muertos para nunca volver a morir. Él solucionó el problema de la humanidad: su separación de Dios por causa del pecado. Él hizo posible reconciliarnos con Dios.

Juan 1:1 llama a Jesús el Verbo. Juan 1:3 dice que Él es el Creador de todas las cosas. Luego, en el versículo 14, leemos: "Y aquel Verbo fue hecho carne".

Ser bíblicos significa estar edificados en Él.

Principios transferibles

Mientras escribía el Código de los Hombres, me di cuenta de que no solo necesitaba que fuera transformador y bíblico, sino también contagioso. Durante la pandemia, los expertos nos decían que debíamos "frenar la propagación". Sin embargo, cuando se trata del Código de los Hombres, debemos "acelerar la propagación".

Aunque somos individuos, no podemos asumir que lo que hacemos solo nos afecta a nosotros y no a los demás. Tenemos familiares y amigos. Hay muchas personas que nos rodean. Para que cobre significado, el Código de los Hombres debe tomar en cuenta nuestro impacto en estas otras personas. Todo varón tiene una esfera de influencia. Es genial que un hombre pueda renovarse, mejorar y volverse más feliz y satisfecho. Sin embargo, estos cambios alcanzan su mejor grado cuando tienen una influencia positiva en los demás, en especial en los propios hijos.

LOS HIJOS Y EL CÓDIGO DEL OESTE

Como padres, transferimos nuestros valores y creencias a nuestros hijos en la forma en que vivimos y las palabras que pronunciamos. Oramos con ellos, los alentamos, los disciplinamos y los amamos. Los llevamos a diferentes lugares y les enseñamos a tomar decisiones sabias. También los influenciamos en nuestra manera de jugar con ellos.

Cuando mi esposa, Jera, y yo comenzamos a tener hijos, hicimos todas estas cosas, pero pronto se volvió evidente la necesidad de hacer que nuestros valores fueran transferibles. Necesitábamos alguna manera de empaquetar estos valores y compactarlos para que nuestros hijos pudieran aprenderlos.

Esto me quedó claro en 1993. La compañía Walt Disney comenzó a grabar una película no lejos de una iglesia en Colorado donde yo pastoreaba. Nuestra familia pasaba a menudo por la zona y veía la construcción de los platós. Más adelante, nos enteramos de que esto se hacía para el rodaje de una película titulada *Tall Tale*, la historia de un niño de 12 años de nombre Daniel y de su padre, Jonás. El padre le enseñaba a Daniel algo que llamaba "el código del Oeste", que se enfocaba en tres valores que consideraba importantes para la vida: cuidar de la granja, proteger a los débiles y portarse como un caballero delante de las mujeres y los hijos. El código sonaba con fuerza en la película.

Después que vimos la película, vi que mis dos hijos jugaban alrededor de la casa como si fueran a caballo. Los miré fingir que cabalgaban y y echaban el lazo y, a veces, los escuchaba gritar: "¡El código del Oeste!".

Ellos habían recordado el código. Sus ideas se habían transferido.

Me di cuenta de que, para que un código pueda ser transferible, debe ser memorable y repetible. La marina de los Estados Unidos tiene un código: *semper fidelis*, una frase latina que significa "siempre fiel" o "siempre leal".

Estos códigos han sido comunes en todas las ramas de todo ejército a lo largo de la historia. Las madres de los soldados espartanos solían decir a sus hijos: "Regresen a casa *con* su escudo o *sobre* él". En otras palabras: "No se rindan. Regresen a casa vivos con su escudo o muertos sobre él. Sean valientes hasta el final".

Comencé a pensar en las cosas que quería que definieran mi vida y que deseaba comunicarles a mis hijos. Comencé, pues, a hacer una lista.

EL CÓDIGO DE LOS HOMBRES

A lo largo de los años, he compilado y refinado esta lista hasta llegar a doce prioridades esenciales. Un hombre de verdad...

1. Busca el éxito bíblico.
2. Tiene una ambición enfocada.
3. Asume su responsabilidad.
4. Manifiesta un carácter piadoso.
5. Muestra consideración.
6. Protege a los demás.
7. Trabaja con diligencia.
8. Respeta a la autoridad.
9. Honra a su esposa.
10. Instruye a sus hijos.
11. No abandona a su familia.
12. Ama el evangelio y a la iglesia.

Puede que hayas notado los verbos en el Código de los Hombres. Estos se escogieron deliberadamente para demostrar una participación activa y continua. No es posible dominar estos puntos esenciales y luego irnos a hacer otra cosa. Estos no son "castillos en el aire" para algún día en el futuro cuando tengamos más tiempo o entremos en una etapa diferente de la vida. En cambio, este código se encuentra continuamente delante de nosotros como el estándar sublime y sagrado de Dios para los hombres, basado en los principios inerrantes de su Palabra. Jamás superaremos nuestra necesidad de él.

Asimismo, el Código de los Hombres se cumple en un varón cuando los doce aspectos funcionan en simultáneo en su vida y el individuo está aprendiendo y creciendo en todas estas áreas. Las prioridades están numeradas por temas de claridad, no porque sean secuenciales ni porque una dependa de dominar la anterior para pasar a la siguiente. Todas son prioritarias en todo momento.

Cuando enseñé a nuestros hijos el Código de los Hombres, pude notar que estaba elevando el estándar para nuestra familia. Nuestros hijos hicieron de este código parte de la esencia de su vida. Nuestra hija también lo tomó en serio. El código elevó sus expectativas… esto sería lo que ella buscaría en un marido. Nuestros hijos adultos ahora inculcan el Código de los Hombres a nuestros nietos.

PREGUNTAS DE ESTUDIO

1. ¿Cómo ha afectado a tu vida la crisis entre los hombres y los niños?

2. ¿Existe una solución?

3. ¿Qué puedes hacer tú ante esta crisis?

4. Todo el mundo vive por un código. ¿Cuál dirías que es el tuyo? ¿Cómo se compara con el código que se describe en la página 23?

5. ¿Quién es el autor de tu código? ¿Qué está produciendo en tu vida y en la de los que están a tu alrededor?

6. ¿Quieres vivir conforme al Código de los Hombres? Si es así, comienza a memorizarlo. En la página 23 y, de nuevo, al final del libro en la página 265, encontrarás una lista fácil de memorizar.

PARTE 1:

LOS HOMBRES DE VERDAD BUSCAN EL ÉXITO BÍBLICO

El hombre sabio hace caso al llamado de Dios y acepta a Cristo. Su fe se manifiesta en acciones que se ajustan a la voluntad de Dios, tal como se expresa en su Palabra. Este hombre busca activamente el éxito conforme a Dios y sabe que los frutos de este éxito durarán para siempre.

Solamente esfuérzate y sé muy valiente, para cuidar de hacer conforme a toda la ley que mi siervo Moisés te mandó; no te apartes de ella ni a diestra ni a siniestra, para que seas prosperado en todas las cosas que emprendas. Nunca se apartará de tu boca este libro de la ley, sino que de día y de noche meditarás en él, para que guardes y hagas conforme a todo lo que en él está escrito; porque entonces harás prosperar tu camino, y todo te saldrá bien.

JOSUÉ 1:7-8

No sigas discutiendo ya acerca de qué tipo de cualidades debe reunir el hombre bueno, sino trata de serlo.[1]

MARCO AURELIO

Ten cuidado con el vacío de una vida muy ocupada.[2]

SÓCRATES

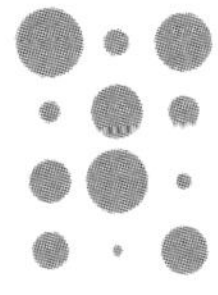

3

¿CÓMO DEFINES EL *ÉXITO*?

El Código de los Hombres comienza con la búsqueda del éxito bíblico. Esta búsqueda presenta una pregunta importante y su respuesta iluminará todas las secciones de este libro y debería determinar todas las partes de nuestra vida: *¿Qué es el éxito bíblico?*

Comúnmente, definimos el éxito como "una ambición cumplida". La Biblia, desde Génesis hasta Apocalipsis, es un libro que trata de Jesús. El éxito bíblico es el cumplimiento de la ambición de agradar al Señor. Esto se describe en 2 Corintios 5:9: "procuramos también, o ausentes o presentes, serle agradables".

Esta es la cúspide de la aspiración cristiana. En contexto, vemos que este pasaje habla del contraste entre dos estados actuales para los seguidores de Cristo. Aquí, "ausentes o presentes" significa en el cielo o en la tierra. Ya sea que estemos allá o aquí, nuestra ambición como cristianos es la misma: agradar al Señor Jesús. Nuestra principal ambición ahora mismo es la misma que tendremos en el cielo. Es emocionante considerar que tu propósito eterno comienza aquí y ahora.

SERLE AGRADABLES

Algunas personas escuchan esta idea sobre el éxito y afirman que no puede ser así de sencillo… pero *sí* es así de sencillo. Desde el momento en que te conviertes en un seguidor de Jesús, tu más alta y mejor ambición es agradarlo en todo, ya sea que estés en la tierra o en el cielo, a partir de ese punto y hasta la eternidad. Agradarlo nos lleva de la pregunta hipotética "¿Qué haría Jesús?" a la pregunta real y no hipotética en tiempo presente: "¿Qué quiere Jesús que yo haga *ahora*?".

La palabra griega que se traduce "procuramos" se refiere a un tema global que constantemente redirige toda prioridad a su favor. La prioridad suprema de un seguidor de Cristo debe ser agradar al Señor. Esto es infinitamente más satisfactorio que obedecer una lista de cosas debidas y prohibidas. Es una relación.

Jesús nos ejemplificó este tipo de fidelidad. En Juan 6:38, dijo: "Porque he descendido del cielo, no para hacer mi voluntad, sino la voluntad del que me envió".

Jesús mismo es nuestro ejemplo. Él vino a buscar y salvar lo que se había perdido porque esta era la voluntad de su Padre. Él vivió para agradar al Padre. Esto motivaba todos sus actos. Sin importar tu trasfondo o cultura, sin importar la fase de vida en la que estés, sin importar si eres hombre o mujer, rico o pobre, *el éxito bíblico significa agradar a Dios.*

LOS ESCRIBAS Y LOS FARISEOS

Las Escrituras nos hablan de varias personas que no agradaron a Dios. Algunos eran ricos, algunos tenían un alto nivel educativo y algunos incluso lideraban naciones. Muchos de ellos llegaron a la cúspide del éxito humano, pero no agradaron a Dios.

Cuando Jesús estuvo físicamente en la tierra, existía una secta judía conocida como los fariseos. Estos profesaban ser los guardianes de la santa Palabra de Dios y, para el momento de la llegada de Jesús, habían elevado la tradición por encima de las Escrituras. Tenían mucha educación, una situación económica segura, gozaban de un gran poder político y eran celebrados por su piedad. Sin embargo, incluso en la cima del escalafón religioso, habían ignorado el propósito de Dios.

Todos queremos educación para nuestros hijos, pero esta no garantiza el éxito bíblico. Sin importar cuán doctos se vuelvan, pueden seguir ignorando el propósito de Dios. Lo mismo sucede con el dinero, el poder y con docenas de señales adicionales del éxito mundano. Puedes tener todo lo que el mundo admira y, aun así, pasar por alto el propósito de Dios. Esto significa que estás pasando por alto la esencia de tu propio propósito. Una omisión tan fundamental inevitablemente conduce a sentimientos de desilusión y de falta de propósito. Ignorar el propósito de Dios implica sobrevivir (durante un tiempo), pero no florecer.

Lucas 7:30 nos muestra cómo los fariseos y los escribas (los intérpretes de la ley) ignoraban el propósito de Dios: "Pero los fariseos y los intérpretes de la ley rechazaron los propósitos de Dios para con ellos, al no ser bautizados por Juan" (NBLA).

Esto puede parecer extraño. ¿Por qué era tan importante seguir las instrucciones de un sujeto que vivía en el desierto y que comía insectos (Mateo 3:4)? El mensaje de Juan era importante porque Dios lo había enviado para presentar a Jesús. En Marcos 1:7-8, Juan dijo: "Viene tras mí el que es más poderoso que yo, a quien no soy digno de desatar encorvado la correa de su calzado. Yo a la verdad os he bautizado con agua; pero él os bautizará con Espíritu Santo".

Juan vino para "[preparar] el camino del Señor" (Mateo 3:3), pero muchos lo rechazaron, junto con su mensaje. Esto significaba que rechazaron a Jesús. Y, al rechazar a Jesús, rechazaron los propósitos de Dios para su vida.

Incluso los que hemos aceptado a Jesús podemos perder parte del propósito de Dios para nuestra vida. Y, siempre que lo hacemos, fracasamos... porque el éxito bíblico significa agradar a Dios.

TU PROPÓSITO EN ESTA GENERACIÓN

Un día entré a la habitación de mi hija. Ella había escrito Hechos 13:36-37 en un pizarrón: "Porque David, después de haber servido el propósito de Dios en su propia generación, durmió, y fue sepultado con sus padres, y vio corrupción. Pero Aquel a quien Dios resucitó no vio corrupción" (NBLA).

Este es un pasaje maravilloso respecto a la deidad de Jesús y su rol como el Mesías. Lo he leído en incontables ocasiones. No obstante, esta vez, vi algo que siempre había ignorado en el pasado. Dios tenía un propósito específico para David *en su generación*. David murió tras servir este propósito.

Me pregunté: *¿Cumpliré yo el propósito de Dios en la generación en la que Dios me ha puesto?*

La pregunta no tiene nada que ver con dinero, celebridad ni la alabanza del hombre. No se trata de títulos ni de reconocimientos humanos. La gente se olvida rápidamente de esas cosas. El éxito verdadero significa vivir para el gozo de Dios. Si vivimos para hacer feliz a Dios, esto se manifestará en nuestras palabras, actitudes y acciones. Serviremos al propósito de Dios en nuestra generación.

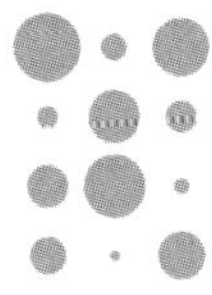

4

EL ÉXITO DE DAVID

¿De qué forma sirvió David al propósito de Dios en su generación? ¿Fue con una vida sin pecado? No. Aunque fue uno de los grandes héroes de la Biblia, fue también uno de sus principales pecadores.

David también hizo cosas portentosas. ¿Cómo, pues, sirvió al propósito de Dios en su generación? ¿Fue por su recorrido de pastor de ovejas a rey del país? ¿Fue por sus proezas militares, sus habilidades como guerrero, estratega o comandante? ¿Fue por su progresión de una relativa pobreza a una riqueza gigantesca? ¿Fue por su habilidad para convertir un reino pobre en uno rico? ¿Fue su talento como poeta, compositor y músico lo que lo hizo servir al propósito de Dios en su generación?

No. Más bien, estos fueron los resultados del éxito de David, pero el éxito comenzó en su corazón.

LA BATALLA CONTRA GOLIAT

La batalla más famosa de la historia judía fue una tremendamente inesperada. Sucedió en el valle de Ela, a unos 25 kilómetros (15 mi) al este de Belén. Los israelitas acamparon en un lado del valle y los filisteos, en el otro. Todos los días, un campeón de los filisteos provocaba terror en el corazón de los soldados de Israel. Este salía de entre las filas de los filisteos y desafiaba a la nación. Su nombre era Goliat.

Todo lo que nos dice la Biblia de Goliat nos ayuda a entender el temor que provocó en los guerreros de Israel. La descripción de la Biblia comienza con un bombazo: Goliat "tenía de altura seis codos y un palmo" (1 Samuel 17:4). Esto se traduce a casi tres metros (9,5 ft) de altura.

Goliat llevaba una enorme lanza con punta de hierro y llevaba un gran yelmo de bronce y una armadura que pesaba casi 60 kilos (125 lb). Al leer esto por primera vez, cuando era estudiante, pensé: *Nadie puede soportar el peso de una armadura tan grande.* Según un informe de 2017 de la Oficina de Rendición de Cuentas del Gobierno, un infante de Marina de Estados Unidos carga un promedio de 53 kilos (117 lb) de equipo en combate. Las cargas llegan hasta los 64 kilos (140 lb)... y esto es para personas de tamaño normal.[1]

Cada mañana y tarde durante 40 días, el gigante se burlaba de los escuadrones de Israel:

> ¿Para qué os habéis puesto en orden de batalla? ¿No soy yo el filisteo, y vosotros los siervos de Saúl? Escoged de entre vosotros un hombre que venga contra mí. Si él pudiere pelear conmigo, y me venciere, nosotros seremos vuestros siervos; y si yo pudiere más que él, y lo venciere, vosotros seréis nuestros siervos y nos serviréis [...]. Hoy yo he desafiado al campamento de Israel; dadme un hombre que pelee conmigo (1 Samuel 17:8-10).

EL PASTORCILLO

Cuando el ejército israelita llevaba cuarenta días soportando este abuso verbal, llegó un pastorcillo proveniente de Belén. David era demasiado joven como para pelear en el ejército. Su padre, Isaí, lo había enviado al frente con provisiones para sus hermanos mayores. David descargó los suministros y, luego, vio las tropas preparadas para la batalla. Así que corrió para ver lo que sucedía. Llegó justo a tiempo para ver a este hombre monstruoso salir de entre las filas de los filisteos. A continuación, escuchó a Goliat burlarse de los soldados de Israel y blasfemar de Dios.

Esto lo enfureció. "¿Quién es este filisteo incircunciso", preguntó, "para que provoque a los escuadrones del Dios viviente?" (v. 26).

Así que David se ofreció para pelear contra Goliat. Sus hermanos mayores y los demás a su alrededor le dijeron, en resumidas cuentas: "Ni siquiera te afeitas y ¿quieres salir allí y pelear contra el gigante?".

David siguió decidido. Cuando los oficiales se enteraron de la determinación de David, lo llevaron ante el rey Saúl. El rey le dijo: "No podrás tú ir contra aquel filisteo, para pelear con él; porque tú eres muchacho, y él un hombre de guerra desde su juventud" (v. 33).

En respuesta, David le relató sus deberes como pastor. Él había salvado a un cordero de un oso. En otra ocasión, rescató a una de sus ovejas de la boca de un león. Le dijo a Saúl: "Fuese león, fuese oso, tu siervo lo mataba; y este filisteo incircunciso será como uno de ellos, porque ha provocado al ejército del Dios viviente" (v. 36).

David dejó claro que no esperaba derrotar al gigante con sus propias fuerzas, sino más bien con las de Dios. En el versículo 37, le dijo a Saúl: "Jehová, que me ha librado de las garras del león y de las garras del oso, él también me librará de la mano de este filisteo".

Esto es crucial. David puso a Dios como su contexto y su centro. Comparado con Dios, Goliat ya no se veía tan grande.

EL ENFRENTAMIENTO EN ELA

Finalmente, el rey Saúl cedió y le permitió a David enfrentarse a Goliat. Quizás pensó que la mutilación de este jovencito a manos del gigante enardecería a sus hombres y los motivaría a pelar. O tal vez tenía algún otro plan en mente, pero el nivel de su desesperación era evidente.

Saúl le ofreció a David su propia armadura real. El muchacho se la puso e intentó moverse con ella, pero no tenía experiencia usándola. En cambio, escogió enfrentar a Goliat vestido y armado como lo que era: un pastor de ovejas. David llevaba un cayado, una honda y un pequeño saco. Luego, bajó por la ladera donde se encontraban los soldados hebreos. En el arroyo, en medio de los dos ejércitos, escogió cinco piedrecillas y las puso en su saco. Finalmente, cruzó el arroyo mientras Goliat y su escudero bajaban por la colina al otro lado del valle.

En 1 Samuel 17:43, leemos: "Y dijo el filisteo a David: ¿Soy yo perro, para que vengas a mí con palos? Y maldijo a David por sus dioses".

Tal como lo había demostrado durante los últimos 40 días, Goliat era un maestro de la intimidación. El gigante continuó con sus burlas: "Ven a mí, y daré tu carne a las aves del cielo y a las bestias del campo" (v. 44).

Las amenazas de Goliat no afectaron a David. El pastorcillo (el hombre de verdad) respondió:

> Tú vienes a mí con espada y lanza y jabalina; mas yo vengo a ti en el nombre de Jehová de los ejércitos, el Dios de los escuadrones de Israel, a quien tú has provocado. Jehová te entregará hoy en mi mano, y yo te venceré, y te cortaré la cabeza, y daré hoy los cuerpos de los filisteos a las aves del cielo y a las bestias de la tierra; y toda la tierra sabrá que hay Dios en Israel. Y sabrá toda esta congregación que Jehová no salva con espada y con lanza; porque de Jehová es la batalla, y él os entregará en nuestras manos (vv. 45-47).

Ni Zacarías 4:6 ni Romanos 8:31 se habían escrito aún, pero ambos ya eran verdad: "No con ejército, ni con fuerza, sino con mi Espíritu, ha dicho Jehová de los ejércitos", "¿Qué, pues, diremos a esto? Si Dios es por nosotros, ¿quién contra nosotros?".

LA BATALLA ES DEL SEÑOR

Goliat avanzó aparatosamente en la dirección del chico, con su gran lanza en la mano. Mientras David se movía hacia el gigante, metió la mano en el saco y extrajo una piedra. La colocó en la cuna de la honda. Luego, tal como lo habían hecho los pastores durante siglos, hizo girar la honda sobre su cabeza y soltó la piedra a una tremenda velocidad. La piedra golpeó a Goliat en la frente y se incrustó en el cráneo del gigante.

Según Jörg Sprave, un investigador alemán y experto en hondas, los especialistas de esta arma en el ejército romano la utilizaban con tanta precisión como un arma de fuego moderna. La fuerza de la piedra era el equivalente al disparo de una .44 Magnum.[2]

El corazón de David era el de un pastor... el de un protector. Sus acciones protegieron a su madre, a su padre, a sus hermanos y a los demás miembros de su familia. Protegió a los soldados que se hallaban en la colina detrás de él. Protegió al rey Saúl y a todo Israel. Y protegió también la reputación de Dios.

Algo atemporal e intrínsecamente heroico permea este relato. Se conecta profundamente con los hombres y con los niños, y capta su imaginación en muchos niveles diferentes. Más que nada, los conecta con el sentido de propósito que Dios puso en ellos desde el principio.

Cuando mis hijos eran pequeños, les leía esta historia y, cuando terminaba, me decían: "Cuéntanosla otra vez". Ahora se la leo a mis nietos y, cuando llego al final, me dicen: "Cuéntanosla otra vez".

Dios tiene propósitos para los varones de nuestra generación. En lo profundo de nuestro ser, todos lo sabemos. Cuando escuchamos esta historia, nos damos cuenta de nuevo de ello. Cada uno ha sido escogido por Dios y llamado a la grandeza. Sin embargo, debemos entender que las medidas de éxito del hombre no se corresponden con la grandeza según Dios. David recibió riquezas, fama y poder, pero ninguna de estas cosas manifiesta su éxito. El lugar donde podemos ver su éxito es en Hechos 13:36: "David [sirvió] el propósito de Dios en su propia generación" (NBLA).

David tuvo éxito, pero no por causa de su valentía, educación, posición familiar, riqueza ni profesión. Tuvo éxito porque agradó a Dios. Esta es la marca del hombre de verdad. Los hombres de verdad buscan el éxito bíblico.

PREGUNTAS DE ESTUDIO

1. Los fariseos tenían educación, poder y riquezas. ¿Por qué no fueron "hombres de verdad"?

2. David hizo muchas cosas asombrosas en su vida, pero estas no fueron la medida de su éxito. En cambio, la medida fue agradar a Dios en estos diferentes roles (general del ejército, empresario, rey, poeta y músico). Si Dios evaluara tu vida en este momento, ¿te consideraría exitoso?

3. ¿Qué te llama más la atención de la historia de David y Goliat?

4. David conocía a Dios. ¿Cómo puede un hombre conocer a Dios? ¿Es posible saber a ciencia cierta que eres hijo de Dios y que vas a ir al cielo? ¿Qué dice 1 Juan 5:12-13?

5. Hazte las preguntas difíciles: ¿Llevas las marcas de un hombre de verdad? ¿Eres un éxito en términos bíblicos? ¿Qué puedes hacer para agradar más a Dios en las diferentes facetas de tu vida?

PARTE 2:

LOS HOMBRES DE VERDAD TIENEN UNA AMBICIÓN ENFOCADA

Los hombres enfrentan distracciones y desvíos por todas partes. Si queremos tener un éxito bíblico, necesitamos una ambición enfocada. Esto significa vivir de forma intencional. Todos los ámbitos de la vida requieren cierta planificación. Esto es porque la vida nos aguarda con sorpresas en cada curva del camino. Por lo tanto, poner en práctica nuestros planes requiere flexibilidad y un enfoque inquebrantable.

Poned la mira en las cosas de arriba, no en las de la tierra.

COLOSENSES 3:2

Porque donde hay celos y contención, allí hay perturbación y toda obra perversa.

SANTIAGO 3:16

El guerrero exitoso es un hombre promedio… con un enfoque similar al de un láser.[1]

BRUCE LEE

Una gran ambición es la pasión de un gran personaje. Aquellos dotados con ella pueden realizar actos muy buenos o muy malos. Todo depende de los principios que los dirijan.[2]

NAPOLEÓN BONAPARTE

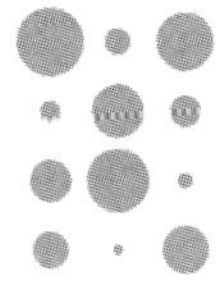

5

LA DISCIPLINA MENTAL

Por lugar de nacimiento, Nehemías era persa. Por fe, su hogar estaba en una ciudad que nunca había visto, Jerusalén.

Sus bisabuelos, o quizás sus tatarabuelos, habían salido como cautivos de la tierra de Judá. Nehemías mismo ascendió a una buena posición en la sociedad de Persia. Era poderoso, exitoso y respetado. Nadie cuestionaba su fidelidad al rey. De hecho, como copero de este, su trabajo era proteger al hombre que, en ese momento, era el gobernante más poderoso del mundo.

Un día, el hermano de Nehemías y otros más regresaron de una visita a Jerusalén. En el libro que lleva su nombre, Nehemías registró la noticia y su reacción a esta:

> Aconteció en el mes de Quisleu, en el año veinte, estando yo en Susa, capital del reino, que vino Hanani, uno de mis hermanos, con algunos varones de Judá, y les pregunté por los judíos que habían escapado, que habían quedado de la cautividad, y por Jerusalén. Y me dijeron: El remanente, los que quedaron de la cautividad, allí en la provincia, están en gran mal y afrenta, y el muro de Jerusalén derribado, y sus puertas quemadas a fuego.

> Cuando oí estas palabras me senté y lloré, e hice duelo por algunos días (Nehemías 1:1-4).

¿Alguna vez has llorado y hecho duelo durante días? El corazón de Nehemías estaba destrozado. Jerusalén, la gran ciudad de Dios, seguía en ruinas. Los judíos que habían regresado a la Tierra Santa para restaurar Jerusalén estaban angustiados y bajo sospecha. Los muros de la ciudad estaban derribados, lo que hacía vulnerable al pueblo ante cualquier maleante o pandilla que pudiera cruzarse. Las puertas no eran más que cenizas. Los enemigos del pueblo de Dios iban y venían a placer.

Lo peor de todo era que el nombre de Dios estaba siendo blasfemado por causa de todo esto. Esta era su ciudad. Este era su pueblo.

EL ENFOQUE DE NEHEMÍAS

Nehemías sirvió como copero del rey Artajerjes. Hoy, el puesto de copero podría parecernos unos tres peldaños por debajo del de un mayordomo. Sin embargo, en la corte real de aquella época, este era el puesto principal de seguridad interna del rey. Era semejante a trabajar en el Servicio Secreto en la actualidad. La responsabilidad de Nehemías era mantener vivo al rey, intervenir y poner su vida en la brecha ante cualquier peligro.

Nehemías temía a Dios y anhelaba que Él restaurara al pueblo judío a la tierra de Israel. De niño, de seguro celebró al escuchar que Dios había levantado a Zorobabel y a 50.000 de sus conciudadanos para regresar a Jerusalén y reconstruir el templo. Sin embargo, en este día, Nehemías se descorazonó.

¿Cuál fue el problema? ¿Qué hizo que este hombre tan poderoso y respetado llorara e hiciera duelo durante días? En la antigüedad, los muros de una ciudad constituían su principal línea de defensa. Estos permitían que los habitantes vivieran seguros y a salvo de ladrones itinerantes y de amenazas externas. Un buen muro aseguraba muchas cosas, desde alimentos y riquezas hasta personas, incluyendo a las esposas y a los hijos.

En el caso de Jerusalén, Nehemías consideraba que los muros eran un reflejo de la reputación de Dios. La ciudad era la capital eterna del pueblo escogido de Dios, el lugar que Él eligió para dar a conocer su nombre. Si los muros permanecían derribados y las puertas quemadas, esto significaba que todo enemigo, pasado y presente, seguiría burlándose del sagrado nombre de Dios.

Nehemías sabía que debían reconstruirse los muros. Él debió de haber pensado: *Alguien tiene que hacerlo*. Durante meses, oró por esta situación. Aparentemente, durante esos meses, su oración pasó de ser: "Alguien tiene que hacerlo" a "Dios, permíteme a *mí* edificar los muros". Y Dios hizo precisamente esto. Después de cuatro meses de oración, Dios abrió una puerta con el rey Artajerjes. Como representante de la autoridad del rey, Nehemías dirigiría una expedición a Jerusalén para construir los muros.

Nehemías trazó un plan, un cronograma y una lista completa de necesidades. El rey y la reina se lo concedieron todo: cartas diplomáticas que sirvieran de salvoconducto, la autoridad para conseguir materiales de construcción, una escolta militar, la autoridad ejecutiva para actuar en nombre del rey y mucho más. Dios puso en el corazón de Nehemías una ambición sagrada, abrió una puerta para su servicio y lo capacitó para la tarea.

La ambición es la pasión o la motivación para actuar. Vivimos en una generación pasiva. Que alguien más lo haga. Lo vemos en el trabajo: una persona hace lo menos posible y los demás tienen que llevar la carga. Lo vemos en las familias: los hombres esperan que su esposa lleve la batuta espiritual o de la crianza. Nehemías no se conformaba con mirar a los demás. Él era un hombre de ambición enfocada y esto le dio el ímpetu para actuar.

ENFOQUE Y AMBICIÓN

Después de dos meses sobre un camello, Nehemías llegó al monte de los Olivos. Desde allí, pudo ver Jerusalén y el templo. ¡Eran un desastre! Los muros estaban en ruinas y, desde la distancia, los habitantes parecían como hormigas viviendo entre los escombros.

Nehemías trabajó de forma sistemática, conforme a un plan. A la tercera noche de su llegada, él mismo inspeccionó los muros. Identificó y priorizó lo que tenía que hacerse y los tiempos para hacerlo. Determinó la mano de obra y los materiales que necesitaría. La tarea parecía imposible.

En gran medida, los judíos que habían regresado antes habían fracasado en su misión. De seguro, Nehemías se vio tentado a perder la esperanza. Probablemente, tuvo que repetirse una y otra vez: "Tranquilo, respira. Mantente enfocado. Dios tiene el control de todo".

Al día siguiente, Nehemías reunió al pueblo de Jerusalén y les compartió lo que Dios había puesto en su corazón. Habló con pasión sobre la guía de Dios para reconstruir los muros y sobre el apoyo del rey Artajerjes. El pueblo se conmovió y se comprometió con la obra.

Mientras el pueblo construía los muros, los enemigos de Dios y de Israel conspiraban. Sanbalat, el archienemigo de Nehemías, estaba furioso (Nehemías 4:1). Él prefería que los judíos fueran presa fácil para sus ataques. Durante los siguientes cincuenta y dos días, estos enemigos planificaron y ejecutaron tres ataques.

LOS TRES FRENTES DE ATAQUE

El primer frente: Las burlas

Primero, los enemigos se burlaron de estos débiles judíos y los amenazaron. Les dijeron: "Lo que ellos edifican del muro de piedra, si subiere una zorra lo derribará" (Nehemías 4:3). La lección es esta: Cuando tu ambición es hacer la voluntad de Dios, Satanás enviará a alguien (o hasta a millones) para burlarse de ti. La burla es un método comprobado para volver pasivas a las personas, para hacer que suelten su compromiso, para llevarlas a rendirse y a desistir. Si estás haciendo algo bueno para la gloria de Dios en tu comunidad, familia, trabajo o iglesia, los maleantes de Satanás llegarán para burlarse.

¿Qué hizo Nehemías? Oró para que Dios escuchara las burlas y se mantuvo enfocado. Más adelante, escribió: "Edificamos, pues, el muro, y toda la muralla fue terminada hasta la mitad de su altura, porque el pueblo tuvo ánimo para trabajar" (v. 6).

El segundo frente: La intimidación

Segundo, cuando los enemigos de Dios vieron el progreso, levantaron un ejército para atacar y matar a Nehemías y a los jefes. Incluso ante la amenaza de una guerra, Nehemías se negó a distraerse. En cambio, ¡oró! También desafió al pueblo: "Después miré, y me levanté y dije a los nobles y a los oficiales, y al resto del pueblo: No temáis delante de ellos; acordaos del Señor, grande y temible, y pelead por vuestros hermanos, por vuestros hijos y por vuestras hijas, por vuestras mujeres y por vuestras casas" (Nehemías 4:14).

Entonces, Nehemías pidió al pueblo que tomara las armas. El versículo 17 dice: "Los que edificaban en el muro, los que acarreaban, y los que cargaban, con una mano trabajaban en la obra, y en la otra tenían la espada".

Nehemías se mantuvo enfocado y la labor continuó.

El tercer frente: El asesinato

Cuando se acercaba el fin de la construcción, los enemigos de Dios intentaron un método más. Con planes de asesinar a Nehemías, lo invitaron a reunirse con ellos. Le dijeron que querían conversar con él y planificar juntos la paz. ¿Puedes escucharlos? "Hablemos. Queremos ser tus amigos". La respuesta de Nehemías no tuvo precio. Envió mensajeros, diciendo: "Yo hago una gran obra, y no puedo ir; porque cesaría la obra, dejándola yo para ir a vosotros" (Nehemías 6:3).

En cuatro ocasiones, los enemigos le enviaron mensajes similares y, las cuatro veces, él respondió de la misma manera. Nehemías tenía una visión y se mantuvo enfocado en ella. Se negó a distraerse y a dejarse desviar. Se concentró en la tarea que Dios había puesto para él. Bajo su liderazgo, los judíos de Jerusalén reconstruyeron los muros en tan solo cincuenta y dos días.

Para el ser humano, esta era una tarea imposible. Los judíos llevaban cincuenta años sin poder reconstruir los muros, pero con la ayuda de Dios, todas las cosas son posibles (Mateo 19:26). Dios utilizó a un hombre que tenía una ambición clara y que se mantuvo enfocado hasta que se completó la tarea.

Los hombres de verdad se mantienen enfocados en el llamado de Dios. Hermano, sin ambición, motivación y pasión por actuar, no podrás ni siquiera comenzar. Y jamás terminarás con éxito tu labor si no te enfocas constantemente en tu misión. Dios no quiere tan solo que comencemos proyectos; ¡Él quiere que los terminemos!

ENCUENTRA LA DIRECCIÓN DE DIOS

Una última idea: La ambición que no corre en una dirección correcta termina por destruirte. Santiago 3:14 dice: "Pero si tienen celos amargos y ambición personal en su corazón, no sean arrogantes y mientan *así* contra la verdad" (NBLA).

La ambición egoísta resulta en toda clase de mal bajo el sol: adicciones de todo tipo, cónyuges abandonados, infidelidades, hijos sin dirección ni disciplina, gente que blasfema de Jesucristo. La ambición, la motivación y la pasión son buenas cuando la mano de Dios las dirige. Esto fue lo que sucedió en la vida de Nehemías.

¿Qué grandes cosas tiene Dios para ti? ¿Qué obra tienes por delante... una obra gloriosa que lo honre, que bendiga a tu familia y amigos y que edifique su reino? Sigue leyendo. *El Código* te ayudará a encontrar la dirección de Dios para formar tu ambición, infundirla de su poder y dedicarla a sus propósitos.

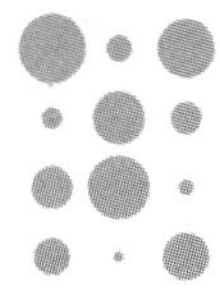

6

CÓMO VENCER LAS DISTRACCIONES

El éxito bíblico, es decir, agradar a Dios, no viene por accidente. El éxito bíblico viene cuando tenemos una ambición y enfoque deliberados. El escritor de Hebreos dio a sus lectores una petición de oración que revelaba su ambición y su enfoque. En Hebreos 13:18, escribió: "Orad por nosotros; pues confiamos en que tenemos buena conciencia, deseando conducirnos bien en todo".

"Conducirnos bien en todo" es la meta. Para lograrlo, debemos mantenernos enfocados en ella. Mientras más lo practiquemos, más mejoraremos, pero nunca te permitas confiarte demasiado. Una conducta honrada requiere humildad.

Si intentas mantener el éxito bíblico en un compartimento limitado en tu vida, no tendrás éxito en conducirte bien de forma constante. Para lograrlo, necesitarás orientar *todo* hacia Dios. Condúcete bien *en todo*. No omitas nada.

Debemos concentrar todas nuestras decisiones en nuestra ambición de alcanzar el éxito bíblico. Una ambición enfocada implica tomar decisiones específicas que te lleven a metas específicas. Significa hacer todo con intencionalidad. Toma decisiones con un propósito específico en mente. Si quieres ser médico, debes, en algún punto, decidir ser médico. No podrás superar la facultad de medicina ni los internados sin una intención específica y una determinación fuerte.

El éxito espiritual funciona de la misma manera. Dios revela sus metas y propósitos en la Biblia. Usa la claridad que encuentras en la Palabra de Dios y sigue adelante.

La vida te llevará en muchas direcciones. Por eso, una simple intención no es suficiente. Tu ambición necesita estar enfocada. Llegar a ser médico requiere de una habilidad natural, sin mencionar los muchos años de esfuerzo. Recuerda, además, que este trabajo debe ser intencional y dirigido hacia una meta. Puedes esforzarte muchísimo en tallar figuritas de madera o en jugar videojuegos, pero ninguna de estas dos cosas te convertirá en médico. Los patrones de trabajo cambian fácilmente cuando perdemos el enfoque. Sí, es necesario llevar el sustento a casa y cumplir con otras obligaciones más inmediatas, pero nunca permitas que tu enfoque se desvíe de tu ambición principal.

LA REGLA DE LAS 10.000 HORAS

El periodista Malcolm Gladwell ayudó a popularizar un concepto conocido como la regla de las 10.000 horas. Él lo fundamentó en una investigación del psicólogo Anders Ericsson.[1] La idea es que, para volverte excelente en algo, debes practicarlo de la manera correcta durante 10.000 horas.

Ericsson mismo sintió que Gladwell había sido demasiado simplista y que había omitido varios elementos clave. Por ejemplo, Ericsson se quejó de que las 10.000 horas de Gladwell "ni siquiera mencionan el concepto de una práctica deliberada". Ericsson enfatizó "una práctica deliberada y orientada a metas",[2] una manera fantástica de considerar la ambición enfocada y la intencionalidad.

Convertirte en un pianista virtuoso requiere miles de horas de práctica y de refinar tus habilidades. Sin embargo, para llegar a ser grande, no puedes pasarte miles de horas tocando "Los changuitos". Debes esforzarte por dominar un nivel de dificultad y, luego, exigirte hasta llegar al siguiente. Necesitas esforzarte para crecer.

Esto es cierto en todos los ámbitos de la vida. La grandeza requiere "una práctica deliberada y orientada a metas". Quizás no te interesa ser un gran cirujano, músico o atleta, pero... ¿qué tal ser un gran papá? Incluso esto requiere práctica. Requiere intencionalidad. Exige una ambición enfocada.

Para la mayoría, esto significa practicar en tiempo real. Tu consejería prematrimonial no incluyó un curso de diez mil horas sobre formación matrimonial ni sobre paternidad. Algunos aprenden mucho de sus propios padres, pero no todos tienen este privilegio. Además, siempre hay una diferencia entre ver a otro hacer algo y hacerlo tú mismo.

Así que, si quieres un gran matrimonio, concentra tu ambición en ello. Considera todos los días como una oportunidad para una "práctica deliberada y orientada a metas".

CÓMO MANTENERSE ENFOCADO

Vivimos en un mundo de caminos con surcos. Lo que tengo en mente son esos surcos que se aferran a las llantas del auto y que lo empujan en una dirección diferente. ¿Cuántas correcciones por minuto tienes que hacer en el volante para contrarrestar estos surcos?

Así sucede también con tu lucha con la atención y los afectos. Una gran parte de lo que te roba la atención no es malo. Sin embargo, las distracciones pueden volverse devastadoras si te desvían del éxito bíblico que buscas.

Por eso necesitamos intencionalidad. Una ambición enfocada implica que debes instigar la acción. No puedes reaccionar pasivamente a las cosas que suceden. No puedes sencillamente hacer lo que mejor te parece en el momento. Si lo haces, Satanás te comerá vivo. Planifica con cuidado y, luego, pon en marcha el plan.

Proverbios 12:20 dice: "Engaño hay en el corazón de los que piensan el mal; pero alegría en el de los que piensan [planifican] el bien". Proverbios también ofrece a todos (hombres y mujeres) un maravilloso ejemplo a seguir en la mujer virtuosa del capítulo 31. Ella planifica todos sus pasos y ejecuta ese plan con precisión. Nada la detiene. Como resultado, es exitosa en todos los ámbitos de la vida.

Tus planes serán afirmados únicamente cuando encomiendes tus esfuerzos a Dios. Proverbios 16:3 dice: "Encomienda a Jehová tus obras, y tus pensamientos [planes] serán afirmados". Orienta tu vida y tus esfuerzos hacia el Señor. Asegúrate de que tus éxitos sean sus éxitos. Planifica ser exitoso como esposo, padre, profesional y cristiano. ¿Quieres ser moralmente puro? Ten un plan para que, cuando llegue la tentación, no cedas ante ella.

Debemos mantener nuestros ojos en la brújula y orientarnos hacia el norte verdadero: agradar a Dios. Proverbios 15:26 afirma: "Abominación al Señor son los planes perversos" (NBLA).

Algunos dicen: "A mí no me funciona planificar". Sin embargo, si eso fuera totalmente verdad, te morirías de hambre. En algún nivel, a todos nos funciona planificar. Alimenta ese instinto. Proverbios 21:5 dice: "Los proyectos del diligente ciertamente son ventaja" (NBLA).

SÉ COMO TU PADRE QUE ESTÁ EN LOS CIELOS

Nuestra iglesia necesita líderes y siervos excepcionales. Nuestro hogar necesita esposos y padres comprometidos. Nuestra comunidad necesita hombres de fe y de integridad. Así que planifica. Sé como tu Padre celestial. Él es un planificador. Las Escrituras están llena de planes que ha trazado. Jesús dijo: "[Sean] hijos de vuestro Padre que está en los cielos" (Mateo 5:45). En el contexto, esto significa: "Sean como su Padre celestial".

Romanos 8:29 nos habla de las ambiciones de Dios para nosotros. Él ha planificado que seamos "hechos conformes a la imagen de su Hijo". El versículo anterior, Romanos 8:28, nos dice cómo ejecuta Dios su plan para nosotros: "Y sabemos que a los que aman a Dios, todas las cosas les ayudan a bien, esto es, a los que conforme a su propósito son llamados".

¿Qué cosas usa Dios? "Todas las cosas". ¿De qué sirven todas estas cosas? "Ayudan a bien". Considera el universo, nuestra salvación y la forma en la que Dios trabaja diariamente en tu vida y en la mía. Él escogió participar personalmente en formarnos en el vientre de nuestra madre (Salmos 139:13). Dios nos dice a cada uno de nosotros: "Antes que te formase en el vientre te conocí" (ver Jeremías 1:5). Y podemos decir con el salmista: "Desde el vientre de mi madre dependo de ti; desde el seno materno me has sostenido" (Salmos 71:6, NVI).

Dios fue intencional. Cuando Él te creó, tenía un plan para ti... y sigue teniéndolo.

Los hombres de verdad no van tras las emociones ni se dejan llevar por ellas. Necesitamos la instrucción clara de Dios. Necesitamos enfoque mental y emocional. Sin estas cosas, no podemos ganar. Mantente enfocado. Mantente fuera de los surcos.

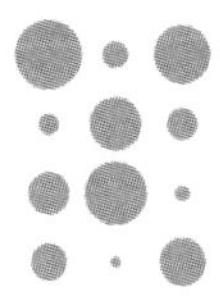

7

EL HOMBRE QUE RESCATÓ AL MUNDO

La Biblia es sorprendentemente honesta respecto a sus héroes. En ella descubrimos toda clase de datos sobre las personas que encontramos en sus páginas: lo bueno, lo malo y lo feo. La Biblia nos muestra a Moisés haciendo un berrinche. Nos cuenta los dolorosos detalles de cómo David se convirtió en adúltero y, luego, en asesino. Con claridad implacable, nos describe a Sansón como un mujeriego ególatra.

De todos los personajes principales del Antiguo Testamento, solo de dos no se recuentan pecados descarados: Daniel y José. En muchos sentidos, estos dos hombres llevaron vidas similares.

José demostró constantemente fe, esfuerzo y un alto estándar de carácter moral. Demostró una clase de sabiduría que viene, no solo de un conocimiento de Dios, sino también de un compañerismo con Él. A partir de esto, la mayoría asumiría que provino de una familia perfecta. No fue el caso. Llamar a su familia disfuncional sería quedarse cortísimo. Sin embargo, esta fue la familia más importante desde Adán y Eva. A través de esta familia, llegaría la salvación del mundo.

José y sus hermanos fueron bisnietos de Abraham, nietos de Isaac e hijos de Jacob. A Jacob, Dios le cambió el nombre por *Israel.* Las familias de sus hijos se convertirían en las doce tribus de Israel, también conocidas como los hijos de Israel o únicamente Israel. Sin embargo, con apenas un par de excepciones, estos no fueron buenos hombres.

EL HIJO FAVORITO

José fue el hijo favorito de Jacob. En carácter moral, José estaba muy por encima de sus hermanos. En consecuencia, ellos lo aborrecían. Tampoco fue bueno para su relación que José fuera además inteligente, carismático, bien parecido y totalmente convencido de su futura grandeza. En su defensa, Dios mismo le había dado una revelación respecto a su futuro glorioso. Desde una edad temprana, José aprendió a discernir la voz de Dios y tuvo sueños en los que toda su familia se postraba delante de él. Incluso a su padre no le hicieron mucha gracia. Los hermanos mayores de José lo odiaron por esto.

En medio de todo, siguió siendo el favorito de su padre. A los 13 años, Jacob le dio al muchacho una túnica espectacular, la famosa túnica de colores (Génesis 37:3). Sus hermanos no podían contenerse de envidia.

Podemos agregar otro elemento más a la lista de quejas de sus hermanos. Jacob a veces usaba a José para vigilarlos a ellos y a sus rebaños, para luego ser informado. Seguramente, ellos veían a José como un espía que los miraba por encima del hombro mientras ellos trabajaban.

EL PLAN DE DIOS Y LA VOLUNTAD DEL HOMBRE

Esto era lo que sucedía cuando llegó el día en que todo cambió… y no me refiero solo a la vida de José. Me refiero a la dirección de toda la historia de la humanidad.

Jacob envió a José a vigilar a sus hermanos y a sus ganados. Cuando sus hermanos lo vieron a la distancia, la sangre comenzó a hervirles en las venas. Empezaron a conspirar el asesinato de José mientras él todavía caminaba hacia ellos. Se dijeron unos a otros: "He aquí viene el soñador. Ahora pues, venid, y matémosle y echémosle en una cisterna, y diremos: Alguna mala bestia lo devoró; y veremos qué será de sus sueños" (Génesis 37:19-20).

En un artículo de 1947 sobre narrativa, C. S. Lewis escribió: "El libre albedrío es el *modus operandi* del destino".[1] Con esto, se refería a las historias que comienzan con la profecía de un evento futuro. Alguien en la historia decide evitar que se cumpla la profecía. Al principio, su acto parece impedir la profecía, pero luego se convierte en el catalizador que la lleva a su cumplimiento.

Dios crea un plan y luego lo pone en marcha. ¿Se interpone en su camino el libre albedrío humano? No. Él usa nuestro libre albedrío de igual forma que un pintor usa una brocha o un escritor una pluma.

Los hermanos razonaron que, si lo mataban, harían que fuera imposible para Dios cumplir los sueños proféticos de su hermano. Entonces, se presentó una oportunidad más lucrativa: una caravana de comerciantes ismaelitas que se dirigían a Egipto. Así que les vendieron a José. Esto les permitió deshacerse de su hermano y, además, ganar un poco de dinero.

Vendieron a su hermano a estos parientes distantes, los ismaelitas, sumergieron su túnica de muchos colores en la sangre de una cabra y la llevaron de vuelta a su padre. Convencieron a Jacob de que una fiera salvaje había devorado a su hijo favorito.

José, que en esa época era adolescente, fue vendido como esclavo. (Hoy, lo llamaríamos trata de personas). Se volvió un extraño en una tierra distante donde se hablaba un idioma diferente. En Egipto, los ismaelitas vendieron a José a un hombre llamado Potifar.

Incluso en la esclavitud, José vivió bajo las reglas de Dios. Se esforzó. Fue honesto. Fue confiable. Dios le dio sabiduría y entendimiento. José se volvió tremendamente valioso para Potifar y rápidamente subió por el escalafón social. Seguía siendo esclavo, pero pronto llegó a ser el segundo al mando de la casa de Potifar.

Aun como esclavo, José alcanzó el éxito bíblico. Génesis 39:2 dice que "Jehová estaba con José, y fue varón próspero". Con José al mando, la casa de Potifar floreció. La bendición de Dios sobre José se convirtió en bendición sobre todo cuanto poseía Potifar (v. 5).

LA ESPOSA DE TROFEO DE POTIFAR

Con el pasar de los años, José llegó a ser un joven apuesto (Génesis 39:6)… y la esposa de Potifar se dio cuenta de ello. Génesis 39:7 nos relata: "la mujer de su amo puso sus ojos en José, y dijo: Duerme conmigo".

La Biblia no nos cuenta mucho sobre la esposa de Potifar. Sin embargo, sí podemos especular con un cierto grado de confianza. En aquel día, los hombres de rango, poder y riquezas a menudo contaban con harenes. Sus esposas eran las más hermosas de toda la región. Hoy, podríamos llamar a la esposa de Potifar una esposa de trofeo. Todo su aspecto habría sido seductor: su cabello, su sonrisa, su voz, sus ropas, su perfume, su figura. Y ella estaba al acecho de José.

En este punto de la historia, los Diez Mandamientos aún quedaban a siglos en el futuro, pero José caminaba con Dios. Él sabía diferenciar entre lo bueno y lo malo. Todavía, Dios no había grabado "No cometerás adulterio" en tablas de piedra, pero sí en el corazón de José.

José rechazó vehementemente las insinuaciones de la mujer. Le explicó que dormir con ella traicionaría la confianza de su amo y sería un gran pecado contra Dios. Ella persistió e hizo de la seducción de José la meta de su vida. La Biblia nos dice que José administraba tan bien los asuntos de Potifar que la gran preocupación de este era tan solo qué pedir para la siguiente comida. De seguro que su esposa tenía también mucho tiempo de sobra. Así que tenía tiempo para un pasatiempo… José.

Un día, las tareas de José lo llevaron dentro de la casa. De pronto, se encontró a solas con la esposa de Potifar. Génesis 39:12 nos dice que "ella lo asió por su ropa, diciendo: Duerme conmigo. Entonces él dejó su ropa en las manos de ella, y huyó y salió".

Ella dio gritos y anunció que habían intentado violarla. Les dijo a los demás siervos que José había intentado abusar de ella y apeló a su prejuicio contra los hebreos: "Mirad, nos ha traído un hebreo para que hiciese burla de nosotros. Vino él a mí para dormir conmigo, y yo di grandes voces; y viendo que yo alzaba la voz y gritaba, dejó junto a mí su ropa, y huyó y salió" (vv. 14-15).

Cuando Potifar regresó a casa, le contó una historia similar y "se encendió su furor" (v. 19). A pesar de su arrebato inicial, tenemos buenas razones para creer que Potifar adivinó quién había sido la verdadera culpable. En Egipto, era una ofensa capital que un esclavo intentara violar a la mujer de su amo, pero Potifar no mandó ejecutar a José. Como capitán de la guardia personal de Faraón, Potifar lo mandó echar a una cárcel especial para los prisioneros del rey. Esta no era un club de campo. Era el tipo de lugar donde Faraón quería que sus enemigos sufrieran. José lo llamó un calabozo (Génesis 40:15, NBLA).

PROSPERIDAD EN LA CÁRCEL

El enfoque de José en agradar a Dios lo convirtió en el hijo favorito de su padre. Esto hizo que terminara vendido en esclavitud. Su ambición enfocada lo hizo prosperar, incluso como esclavo, de manera que pronto se hallaba al frente de toda la casa de Potifar. Luego lo acusaron falsamente y lo metieron injustamente en la cárcel. Incluso allí, la ambición de José no cambió, ni tampoco su enfoque.

Él llegó a ascender rápidamente de nuevo a una posición de confianza. Génesis 39:21-23 nos dice:,

> Jehová estaba con José y le extendió su misericordia, y le dio gracia en los ojos del jefe de la cárcel. Y el jefe de la cárcel entregó en mano de José el cuidado de todos los presos que había en aquella prisión; todo lo que se hacía allí, él lo hacía. No necesitaba atender el jefe de la cárcel cosa alguna de las que estaban al cuidado de José, porque Jehová estaba con José, y lo que él hacía, Jehová lo prosperaba.

Puede que José haya pensado: *Aquí vamos de nuevo. ¿Cuándo caerá el siguiente martillazo?*

José no sabía que los reveses más tremendos se habían acabado. Pasaría unos años más en la cárcel y experimentaría algunas decepciones más, pero, de aquí en adelante, ya nada impediría su ascenso. En la oscuridad del momento, todo progreso probablemente le parecería dolorosamente lento. A pesar de todo, se convertiría en el segundo hombre más poderoso del mundo a los treinta años.

Dios había determinado para José una senda de honra y de transcendencia mundial. Todo revés aparente era un paso hacia entrar en el favor de Faraón y cumplir el destino de salvar al mundo. Dios ordenó que José rescatara a su familia y a muchos más en el mundo conocido. Esta senda soberana pasaba directamente por un terrible calabozo.

La fidelidad en toda clase de "pequeñeces" se volvió la clave que abrió la puerta de la victoria futura. Alimentar a los presos, capacitar al personal, agradar al carcelero y mantener todo tan limpio como le fuera posible. Trabajo sucio. Trabajo desagradecido. Sin embargo, José lo realizó con fidelidad. Su ambición enfocada lo hizo tan confiable que el jefe de la cárcel comenzó a confiarle trabajos cada vez más importantes.

LOS SOÑADORES DEL PALACIO

Un día, dos hombres de importancia llegaron a la cárcel: el jefe de los coperos y el jefe de los panaderos de Faraón. El capitán de la guardia sabía que Faraón a veces cambiaba de parecer respecto al encarcelamiento de altos funcionarios. Los presos de hoy podían regresar al poder unos cuantos días más tarde. De manera que puso a su mejor hombre, José, a cargo de ellos.

Una noche, ambos hombres tuvieron sueños extraños. José les interpretó los sueños. Después de todo lo que había atravesado, él aún creía que Dios cumpliría los sueños que había tenido cuando era niño.

El sueño del panadero comunicaba malas noticias. José tuvo que informarle que, dentro de tres días, sería sentenciado a muerte y ahorcado. No obstante, el sueño del copero revelaba que sería puesto en libertad y restaurado a su oficio, también dentro de tres días. José le rogó al copero que se acordara de él cuando se presentara de nuevo delante de Faraón después de su liberación.

Las interpretaciones de José probaron ser precisas. Sin embargo, el copero se olvidó de su promesa de hablarle al rey sobre José y sobre la injusticia de su dilema. No sabemos cómo se sintió José mientras siguió trabajando en la cárcel, al parecer olvidado.

Pasaron dos años más. José, ahora de treinta años, había pasado la mitad de su vida en servidumbre. ¿Dudaba acaso de Dios? ¿Cuestionaba él la justicia de Dios? Podemos imaginar que tuvo algunos días malos. Sin embargo, también sabemos que permaneció cerca de Dios y que su ambición enfocada siguió siendo agradarlo. Lo sabemos porque estaba por llegar la oportunidad de su vida y esta requirió una cercanía continua y acceso sin estorbos a Dios.

LOS SUEÑOS DE FARAÓN

Una noche, un sueño despertó a Faraón. La Biblia nos da detalles específicos del sueño y de lo que sucedió a continuación. A partir de estas dos cosas, podemos imaginarnos lo que pasó por su mente al despertarse. Probablemente, pensó: *Vaya, qué raro.* Luego, como la mayoría de los adultos después de una pesadilla, Faraón se dio la vuelta y volvió a dormirse.

Luego tuvo otro sueño, igual que el primero, pero aún más extraño. A la mañana siguiente, los sueños seguían vívidos en su mente. Lo tenían angustiado. Así que mandó llamar a todos los magos y sabios de su corte, pero ninguno pudo interpretarlos.

En este momento, el copero se acordó del sueño que tuvo en la cárcel y del hombre que lo había interpretado, así que le contó a Faraón toda la historia. Faraón mandó que trajeran a José delante de él. Lo sacaron de la cárcel, lo bañaron, lo afeitaron y le pusieron ropas nuevas.

Faraón le habló a José de sus sueños y le dijo que había oído que José podía interpretarlos. José explicó: "No está en mis manos el poder para hacerlo —respondió José—, pero Dios puede decirle lo que su sueño significa y darle tranquilidad" (Génesis 41:16, NTV).

Para comenzar, José le dio el crédito a Dios. La ambición enfocada ordena de forma correcta tus prioridades. Te da la combinación perfecta de confianza y humildad.

Puedes leer más sobre el sueño y la interpretación que José le dio en Génesis 41. El hecho importante aquí era que Egipto iba a atravesar siete años de abundancia, para luego pasar por un período de dura sequía y siete años más de escasez. Los siete años de escasez se tragarían la prosperidad que había venido antes de ellos.

Después de interpretar el sueño, José aconsejó de esta manera a Faraón:

> Por tanto, provéase ahora Faraón de un varón prudente y sabio, y póngalo sobre la tierra de Egipto [...] y quinte la tierra de Egipto en los siete años de la abundancia. Y junten toda la provisión de estos buenos años que vienen [...]. Y esté aquella provisión en depósito para el país, para los siete años de hambre que habrá en la tierra de Egipto; y el país no perecerá de hambre (Génesis 41:33-36).

Dios concedió favor a José ante Faraón y sus consejeros. Estos creyeron en la interpretación que José les dio a los sueños. Además, vieron sabiduría en su consejo respecto a cómo prepararse para los años malos. Faraón, tremendamente impresionado, puso a José a cargo de todo el operativo. En cuestión de horas, pasó de ser un esclavo hebreo encarcelado a la segunda persona más poderosa de la nación más grande de la tierra.

EL RESCATE DE ISRAEL Y DEL MUNDO

Los siguientes 14 años sucedieron tal y como lo había predicho José. Durante los siete años de abundancia, él almacenó alimento en las ciudades de Egipto. Luego, llegaron los años flacos. El hambre se extendió, pero no solo en Egipto. Génesis 41:57 dice que "de toda la tierra venían a Egipto para comprar de José, porque por toda la tierra había crecido el hambre".

La desesperación en aquella época finalmente llegó hasta Canaán. Jacob escuchó que en Egipto podría comprar grano, de manera que envió allá a sus hijos. Comprar grandes cantidades de grano requería acudir al varón a cargo de las ventas y la distribución: José. Él reconoció de inmediato a sus hermanos, pero él mismo había sido solo un muchacho cuando lo vieron por última vez y, ahora, se hallaba frente a ellos como adulto, en el atuendo de un gobernante egipcio. Sus hermanos no lo reconocieron.

Los detalles de la historia son intrigantes y, si no los conoces, lee Génesis 41–50. Quiero que nos concentremos en lo que sucedió cuando los hermanos finalmente descubrieron la identidad del hombre que se hallaba a cargo de las ventas de grano en Egipto. El alto funcionario que tenía la vida de ellos en sus manos era José, el hermano al que habían querido matar, pero que, en cambio, habían vendido en esclavitud.

Ellos estaban aterrados, pero José les mostró misericordia. Les mandó decirle a su padre que estaba vivió y que debía venir a Egipto con todo su clan para vivir allí. Dios le confirmó a Jacob que debía hacer esto. Años más tarde, cuando Jacob murió, los hermanos de José estaban seguros de que, finalmente, se vengaría de ellos. Así que se postraron a sus pies y le rogaron misericordia. En Génesis 50:20, José les dijo: "Vosotros pensasteis mal contra mí, mas Dios lo encaminó a bien, para hacer lo que vemos hoy, para mantener en vida a mucho pueblo".

La respuesta de José resume su vida y sirve de lección para cualquiera que busca hacer del éxito bíblico su ambición primordial. Los obstáculos y los reveses no tienen el objetivo de destruirnos, sino más bien de ayudar a cumplir el propósito de Dios para nuestra vida. Sin importar lo que suceda, debemos mantener nuestra ambición enfocada en el éxito bíblico. Esto significa hacer lo correcto… incluso en el calabozo más oscuro.

El mundo entero necesita hombres como José. Esto significa que debemos *ser* hombres como José. Los hombres de verdad tienen una ambición enfocada.

PREGUNTAS DE ESTUDIO

1. En un mundo tan lleno de distracciones, muchos luchamos con la incapacidad para concentrarnos. En una escala del 1 al 10, ¿qué tan bueno es tu enfoque? (10 sería un "enfoque de guerrero" y 1 sería "siempre distraído"). ¿En dónde ves espacio para mejorar?

2. La ambición egoísta lleva a toda clase de males. Una motivación dirigida por Dios conduce al bien. En tu etapa de vida, ¿quién te parece que tiene la motivación para hacer el mal y quién para hacer el bien? En cuanto a tu propia ambición, ¿qué opinarían tus propios familiares y amigos?

3. Satanás echa mano de muchas clases de distracciones para quitar nuestro enfoque de Dios. ¿Cuál utiliza de manera más frecuente en tu vida? Ejemplos: la televisión, los videojuegos, el sueño, los amigos, la adicción a cualquier cosa que te esclavice, entre otros.

4. Dios tenía para José una gran tarea: salvar a su familia y al mundo del hambre. En tu perspectiva, ¿cuáles son las tres distracciones o peligros principales que enfrentó en el camino?

5. ¿Qué te está enseñando el Espíritu Santo respecto a tu vida y tus ambiciones? ¿Te apasionan las cosas correctas? ¿Estás enfocado en llevarlas a cabo?

6. Enfócate. Ocúpate en servir a Jesús. ¿Cuáles serán tus tres pasos siguientes?

PARTE 3:

LOS HOMBRES DE VERDAD ASUMEN SU RESPONSABILIDAD

Los hombres de verdad van más allá de las obligaciones mínimas. Van más allá del llamado del deber. Asumen la responsabilidad por sí mismos y por otros. Jesús demostró que asumir responsabilidad a menudo requiere humildad delante de otros y servicio hacia ellos.

El que quiera hacerse grande entre vosotros será vuestro servidor, y el que quiera ser el primero entre vosotros será vuestro siervo; como el Hijo del Hombre no vino para ser servido, sino para servir, y para dar su vida en rescate por muchos.

MATEO 20:26-28

Sobrellevad los unos las cargas de los otros, y cumplid así la ley de Cristo […] porque cada uno llevará su propia carga.

GÁLATAS 6:2, 5

El precio de la grandeza es la responsabilidad.[1]

WINSTON CHURCHILL

No preguntes qué puede hacer tu patria por ti; pregunta qué puedes hacer tú por tu patria.[2]

JOHN F. KENNEDY

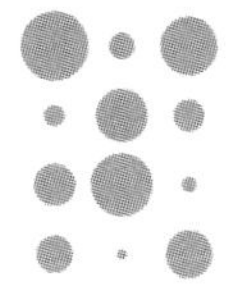

8

MÁS ALLÁ DEL DEBER

Juan 13 comienza con una declaración muy profunda respecto a Jesús: "como había amado a los suyos que estaban en el mundo, los amó hasta el fin" (v. 1). Estas palabras sentaron el fundamento para un período de enseñanza sin igual en la historia humana. Jesús y sus discípulos se prepararon para celebrar la última Pascua de la primera venida del Señor. Jesús había compartido ya con ellos otras cenas pascuales durante su tiempo con ellos.

Dios mismo había fundado las tradiciones de la Pascua unos mil quinientos años antes para demostrar su justo juicio contra el pecado, y su salvación y misericordia hacia quienes creyeran en Él. Los pecados de las naciones cananeas habían llegado a su colmo; los cuatrocientos veinte años de esclavitud de los judíos estaban por terminar. Dios envió diez plagas para soltar el agarre de Faraón. La última plaga fue el ángel destructor que mataría a todos los primogénitos varones de la tierra de Egipto. Este fue un juicio justo contra los egipcios. Sin embargo, la compasión de Dios lo movió a ofrecer un camino de salvación. Si alguno confiaba en el Dios vivo y sacrificaba un cordero sin mancha de un año y pintaba con su sangre el dintel de la puerta, el ángel destructor "pasaría" sobre aquella casa y el primogénito se salvaría.

Sin embargo, esta Pascua fue única para Jesús y sus discípulos, así como para todo ser humano en la historia. Jesús estaba por convertirse en el Cordero Pascual definitivo. Unas horas más tarde, moriría para que todos los que creyeran en Él pudieran tener vida y libertad.

La enseñanza comienza en Juan 13:3:

> Sabiendo Jesús que el Padre le había dado todas las cosas en las manos, y que había salido de Dios, y a Dios iba, se levantó de la cena, y se quitó su manto, y tomando una toalla, se la ciñó. Luego puso agua en un lebrillo, y comenzó a lavar los pies de los discípulos, y a enjugarlos con la toalla con que estaba ceñido (vv. 3-5).

DIOS AL SERVICIO

Jesús sabía quién era Él. Conocía su posición eterna como la segunda persona de la Trinidad: Dios Hijo. Sabía que Dios Padre había puesto todas las cosas en sus manos, y que había venido de Dios y que pronto regresaría a Él. En la misma oración que esas declaraciones sorprendentes, Juan describió cómo Jesús se levantó de la mesa, se quitó su manto, tomó una toalla y se la ciñó alrededor de la cintura. Luego, puso agua en un lebrillo y fue de discípulo en discípulo, arrodillándose delante de cada uno para lavar sus pies y secarlos con la toalla que tenía alrededor de la cintura.

El Evangelio de Juan describe esta escena con una tremenda brevedad, de manera que es fácil pasarla por alto. No lo hagas. Examina con cuidado las palabras inspiradas por el Espíritu Santo que describen este extraordinario momento en la historia universal. Dios se hizo hombre y se humilló a sí mismo. Dios se hizo hombre, nacido de una simple virgen en un establo, donde su primera cuna fue un comedero para animales. Dios se hizo hombre, se quitó su manto, tomó una toalla y se la ciñó alrededor de la cintura. Dios se hizo hombre, tomó un lebrillo y se arrodilló delante de cada discípulo. Dios en carne humana asumió el trabajo, el atuendo y la actitud de un esclavo. El amor fluyó por su ser y se expresó en forma de servicio.

> Haya, pues, en vosotros este sentir que hubo también en Cristo Jesús, el cual, siendo en forma de Dios, no estimó el ser igual a Dios

> como cosa a que aferrarse, sino que se despojó a sí mismo, tomando forma de siervo, hecho semejante a los hombres; y estando en la condición de hombre, se humilló a sí mismo, haciéndose obediente hasta la muerte, y muerte de cruz (Filipenses 2:5-8).

Nosotros consideraríamos extraño juntarnos con amigos para una cena y pedirle a alguien que pase a lavarnos los pies a todos. Sin embargo, en aquella época, lavar los pies de otra persona era asunto de higiene, de comodidad y de hospitalidad. En aquella noche, se volvió algo mucho más trascendental. Con Jesús, se convirtió en una ilustración de santidad, de humildad, de poder y de amor.

Todo esto fue demasiado para uno de los discípulos.

> Pedro le dijo: No me lavarás los pies jamás. Jesús le respondió: Si no te lavare, no tendrás parte conmigo. Le dijo Simón Pedro: Señor, no solo mis pies, sino también las manos y la cabeza. Jesús le dijo: El que está lavado, no necesita sino lavarse los pies, pues está todo limpio; y vosotros limpios estáis, aunque no todos (Juan 13:8-10).

HAYA EN VOSOTROS ESTE SENTIR

Jesús lavó los pies de sus discípulos, se puso de nuevo su manto y se reclinó a la mesa. Luego, dijo: "¿Sabéis lo que os he hecho? Vosotros me llamáis Maestro, y Señor; y decís bien, porque lo soy. Pues si yo, el Señor y el Maestro, he lavado vuestros pies, vosotros también debéis lavaros los pies los unos a los otros. Porque ejemplo os he dado, para que como yo os he hecho, vosotros también hagáis" (vv. 12-15).

¡Qué exhortación tan intrigante… "debéis lavaros los pies los unos a los otros"!

El Creador mismo se ciñó la tolla en la cintura, tomó un lebrillo de agua, se arrodilló delante de sus discípulos y les lavó los pies. Luego les dijo que debían servirse unos a otros. Un momento más tarde, les dio un principio que siempre debemos recordar: "Si sabéis estas cosas, bienaventurados seréis si las hiciereis" (v. 17). La bendición viene con el hacer.

Los ministros y los maestros a menudo nos piden que hagamos una pausa y que permitamos a Dios hacer todo. "Suéltalo y deja que Dios lo haga" puede ser un gran consejo, pero también puede dar la idea equivocada. Cuando un médico hace una autopsia, no tenemos forma de controlar el resultado. En este caso, debes orar y decir: "Suéltalo y deja que Dios lo haga". Sin embargo, cuando Jesús nos exhorta a servirnos unos a otros, Él no nos dice: "Relájate y deja que Dios lo haga". Él nos dice: "Hazlo".

Nosotros no podemos salvarnos a nosotros mismos del pecado, sin importar lo mucho que nos esforcemos. Por nuestra propia cuenta no podemos alcanzar el nivel de justicia que Dios exige para entrar al cielo. Eso lo debemos dejar en manos de Dios. Sin embargo, la salvación en Cristo no es el fin. Es el principio.

Efesios 2:10 dice: "Pues somos la obra maestra de Dios. Él nos creó de nuevo en Cristo Jesús, a fin de que hagamos las cosas buenas que preparó para nosotros tiempo atrás" (NTV). Así pues, nuestras obras no nos salvan. La salvación sucede cuando Dios nos crea "de nuevo en Cristo" por su gracia, solo por la fe en Jesús. No obstante, uno de los beneficios de ser hecho nuevo es que esto nos abre la puerta para "que hagamos las cosas buenas que preparó para nosotros tiempo atrás".

ASUME TU RESPONSABILIDAD

En el pasaje del lavamiento de pies, Jesús no se sentó en la mesa para quejarse. No dijo: "Oigan, nadie se encargó del lavamiento de pies cuando entramos. Alguien debería de hacer algo al respecto". Él no sacó su teléfono inteligente para anunciar en Facebook: "Problemas en el aposento alto. Nadie lavó los pies de los discípulos. Que alguien haga algo". Tampoco se hizo cargo Jesús únicamente de sus propios pies. Él lavó los pies de todos.

Jesús asumió la responsabilidad de una tarea que, usualmente, correspondía a los siervos de menor rango. Su grandeza no le impidió realizar una tarea humilde, sino que más bien se expresó en su actitud de siervo.

Los hombres de verdad no huyen de la responsabilidad; los hombres de verdad asumen su responsabilidad.

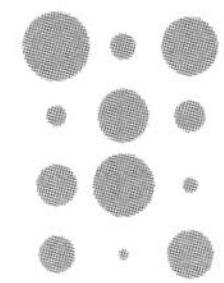

9

EL HOMBRE QUE RESCATÓ A UNA MUJER Y TRANSFORMÓ A UNA NACIÓN

El libro de Rut comienza con una serie de tragedias. Una hambruna golpeó la tierra de Israel. En Belén, un hombre llamado Elimelec abandonó su país y se mudó junto con su esposa, Noemí, y sus dos hijos a unos ochenta kilómetros de distancia, a la tierra de Moab, justo al este del Mar Muerto.

La decisión de Elimelec de huir de su tierra se tornó amarga. Tal vez, esperaba que su estancia en Moab fuera breve, pero terminó pasando allí el resto de su vida… unos diez años. Después que Elimelec murió, sus hijos tomaron por esposas a mujeres moabitas. Sin embargo, también los hijos murieron.

En este tiempo de oscuridad, se avistó un rayo de esperanza. La pobre Noemí, la esposa de Elimelec, escuchó noticias de su tierra que decían que "Jehová había visitado a su pueblo para darles pan" (Rut 1:6). La sequía en Israel había terminado, así que Noemí decidió volver a casa. Al principio, sus dos nueras la acompañaron. Las tres viudas emprendieron juntas el viaje a Belén.

No obstante, pronto, Noemí consideró mejor la situación. Ella sintió que sería injusto obligar a estas jóvenes a acompañarla. En amor, las liberó de sus obligaciones hacia ella.

Incluso en la actualidad, en muchas partes del mundo, cuando se paga una dote por una esposa, la viuda necesita que la familia de su marido la libere. A menudo, esta exige la devolución de una parte de la dote. Que las nueras se fueran con Noemí a Israel implicaba dejar atrás su familia, amigos, tradiciones y lugares favoritos. Vivirían como extranjeras en una tierra extraña.

> Noemí dijo a sus dos nueras: Andad, volveos cada una a la casa de su madre; Jehová haga con vosotras misericordia, como la habéis hecho con los muertos y conmigo. Os conceda Jehová que halléis descanso, cada una en casa de su marido. Luego las besó, y ellas alzaron su voz y lloraron, y le dijeron: Ciertamente nosotras iremos contigo a tu pueblo.
>
> Y Noemí respondió: Volveos, hijas mías; ¿para qué habéis de ir conmigo? ¿Tengo yo más hijos en el vientre, que puedan ser vuestros maridos? Volveos, hijas mías […].
>
> Y ellas alzaron otra vez su voz y lloraron; y Orfa besó a su suegra, mas Rut se quedó con ella (Rut 1:8-12, 14).

"NO ME RUEGUES QUE TE DEJE"

Era evidente que ambas mujeres amaban a Noemí. Ambas lloraron ante la idea de separarse de ella. Sin embargo, en Rut, algo más se estaba gestando. La última frase nos muestra la diferencia: "Orfa besó a su suegra, mas Rut se quedó con ella".

Orfa se volvió a Moab, tal como se le había dicho que hiciera. Luego, Noemí le dijo a Rut: "He aquí tu cuñada se ha vuelto a su pueblo y a sus dioses; vuélvete tú tras ella" (v. 15).

Los versículos 16 y 17 nos describen la respuesta de Rut. Sus palabras de devoción y amor han dado a muchos buena voluntad desde entonces. Su respuesta es sencilla y majestuosa:

> No me ruegues que te deje, y me aparte de ti; porque a dondequiera que tú fueres, iré yo, y dondequiera que vivieres, viviré. Tu pueblo será mi pueblo, y tu Dios mi Dios. Donde tú murieres, moriré yo, y allí seré sepultada; así me haga Jehová, y aun me añada, que solo la muerte hará separación entre nosotras dos.

UN VIAJE HACIA UN NUEVO HOGAR

Cuando Noemí vio la determinación de Rut, dejó de pedirle que se fuera y continuó con ella hacia Belén. El trayecto era complicado. Comenzaba a una elevación de más de 600 metros (2.000 pies), quizás hasta 1.200 metros (4.000 pies). Luego descendía hasta el Mar Muerto, la zona en tierra firme con elevación más baja en el mundo, a unos 420 metros (1.400 pies) debajo del nivel del mar. Desde el Mar Muerto tendrían que subir otros 1.200 metros (4.000 pies) para llegar a Belén.

Allí, Noemí tenía una propiedad heredada de su marido. Aparentemente, la propiedad no había producido nada desde que Elimelec se había marchado. Así que, aunque Noemí tenía algo de tierra, llegó con las manos vacías. No obstante, a diferencia de la mayoría de las naciones en la antigüedad, las leyes de Israel (dadas por Dios) hacían provisión para los pobres.[1] Una de estas provisiones tenía que ver con la cosecha. Cuando un agricultor cosechaba sus campos, debía dejar sin segar los rincones como provisión "para el pobre y para el extranjero" (Levítico 19:10).

Mientras las dos viudas viajaban hacia Belén, Noemí debió de haberle hablado a Rut de esta provisión misericordiosa en la ley. Cuando llegaron, Rut se ofreció para ir y cosechar grano en los campos. Noemí había regresado a casa, pero Rut había llegado a Israel como extranjera. Probablemente, no hablaría bien el idioma. Para ella, las personas se veían, comían y hablaban raro. Ella era forastera en esta tierra. De seguro se sintió completamente fuera de lugar y vulnerable cuando llegó para recoger lo que pudiera de grano.

EL CAMPO DE BOOZ

"Aconteció" que Rut llegó al campo de un hombre que se llamaba Booz, pariente de Elimelec. Rut 2:1 lo describe como un "hombre rico". Bajo la ley, ella tenía derecho a espigar las sobras de los rincones. Sin embargo, cuando se acercó a los hombres que trabajaban en el campo, no exigió que se respetaran sus derechos. En cambio, se comportó con humildad y cortesía. Ella pidió: "Te ruego que me dejes recoger y juntar tras los segadores entre las gavillas" (v. 7).

Mientras Rut trabajaba, llegó Booz. Observa la atmósfera de camaradería centrada en Dios que había creado con los hombres que trabajaban para él. Rut 2:4 lo describe así: "Y he aquí que Booz vino de Belén, y dijo a los segadores: Jehová sea con vosotros. Y ellos respondieron: Jehová te bendiga".

LUZ EN LA OSCURIDAD

La historia de la familia de Rut aconteció durante el período de los jueces en Israel, que puede describirse como trescientos años de locura civil. El final del libro de Jueces nos ilustra la oscuridad y la ilegalidad de aquella época al describirnos que cada uno hacía lo que bien le parecía. Esto hace que los saludos entre Booz y sus trabajadores sean aún más notables. Nos muestran que, incluso en momentos de caos moral y político, Dios levanta a hombres como Booz y sus siervos... hombres que aman abiertamente al Señor.

Booz visitó su campo aquel día para supervisar el trabajo que se estaba realizando. Allí, vio cómo trabajaba esta pobre extranjera y le preguntó por ella al mayordomo de los segadores. En el momento en el que Booz le preguntó, Rut estaba descansando, pero el mayordomo ya la había notado y le respondió que se había pasado toda la mañana trabajando antes de tomarse un descanso. Le dijo a Booz: "Es la joven moabita que volvió con Noemí de los campos de Moab" (Rut 2:6).

El regreso de Noemí a Belén se había dado a conocer en el pueblo. Aparentemente, la historia de cómo Rut se quedó con ella en lugar de regresar a su tierra había impresionado a muchos, incluyendo a Booz. Este se acercó a ella y le dijo: "Oye, hija mía, no vayas a espigar a otro campo, ni pases de aquí; y aquí estarás junto a mis criadas. Mira bien el campo que sieguen, y síguelas; porque yo he mandado a los criados que no te molesten. Y cuando tengas sed, ve a las vasijas, y bebe del agua que sacan los criados" (vv. 8-9).

En respuesta, Rut bajó su rostro y se inclinó a tierra: "¿Por qué he hallado gracia en tus ojos para que me reconozcas, siendo yo extranjera?" (v. 10).

Booz respondió:

> He sabido todo lo que has hecho con tu suegra después de la muerte de tu marido, y que dejando a tu padre y a tu madre y la tierra donde naciste, has venido a un pueblo que no conociste antes. Jehová recompense tu obra, y tu remuneración sea cumplida de parte de Jehová Dios de Israel, bajo cuyas alas has venido a refugiarte (vv. 11-12).

Booz saludó a sus trabajadores con una bendición y luego bendijo a Rut. Esta bendición fue doble. La bendijo físicamente con alimento, agua y protección. También pronunció una maravillosa oración de bendición por ella y la reconoció como un nuevo miembro del pueblo de pacto de Dios.

En el versículo 13, leemos esta hermosa respuesta de parte de Rut: "Señor mío, halle yo gracia delante de tus ojos; porque me has consolado, y porque has hablado al corazón de tu sierva, aunque no soy ni como una de tus criadas".

Considera cuán consoladoras habrían sido para ella las palabras y las acciones de Booz. Rut estaba sola. Se hallaba vulnerable a toda clase de mal. El libro de los Jueces termina con la violación en grupo y el asesinato de una concubina que provenía de la zona de Belén. Rut bien pudo haber sido el objeto de burlas, amenazas, violencia y hasta violación y asesinato. En cambio, la mano de Dios la dirigió hasta un campo donde los trabajadores manifestaban la cordialidad y el amor a Dios de su jefe. Luego, este varón poderoso se fijó en ella y le habló "al corazón" (v. 13).

MÁS ALLÁ DEL DEBER

Cuando los hombres de Dios ven una crisis o necesidad, van más allá del simple deber. La ley requería que Booz le permitiera a Rut espigar en los rincones de su campo, pero él fue más allá. Con el tiempo, Booz sería el pariente redentor de Rut, una posición que no se le requería aceptar. Esto implicaba un compromiso económico importante de su parte. Él compraría la tierra de Noemí y aceptaría cuidar de ella y de Rut. Además, se casaría con Rut.

Muy bien, ya sé lo que estás pensando. Probablemente, Rut era hermosa y Booz era un hombre mayor que intentaba ganarse el amor de la atractiva joven. Alguno pudiera leer esto, levantar las cejas y preguntar: "¿Qué quería Booz *en realidad*?".

¿Sabes qué quería en realidad? La bendición de Dios para su vida. Booz quería que su Creador viera su vida y sonriera. No quería hacer únicamente lo mínimo indispensable; quería asumir su responsabilidad.

¿Rut era hermosa? Absolutamente. Todo lo que sabemos de ella es hermoso. ¿Era de apariencia hermosa? No lo sabemos. La Biblia no nos lo dice. Esto es interesante porque el Antiguo Testamento describe a varias mujeres de apariencia hermosa.

Booz terminó casándose con Rut, pero no porque quisiera una esposa de trofeo. En cambio, se sorprendió de que Rut estuviera dispuesta a casarse con él en lugar de con un hombre más joven. Un viejo pervertido que solo anduviera en busca de una joven de figura atractiva habría encontrado a una joven israelita que satisficiera sus requisitos sin meterse en tantos gastos.

Sin embargo, en Rut, Booz recibió algo mucho mejor. Yo estoy seguro de que Rut fue para él una gran esposa. También estoy seguro de que él fue para ella un gran esposo. Sin embargo, no fue así como comenzó su relación. Más bien, comenzó con la devoción de Rut a su suegra y con el deseo de Booz de agradar a Dios.

LO QUE TODO EL MUNDO NECESITA

He conocido a docenas de personas cuya historia podría citar como ejemplos de asumir responsabilidad. Me gustaría poder compartírtelas todas. Algunos sirvieron a los ancianos, otros ayudaron a los jóvenes a prepararse para sus trabajos y empleos, y otros más alimentaron y vistieron a los necesitados. Todo esto lo hicieron por Jesús y en su nombre. Lo hicieron por un amor genuino.

Hoy, el mundo entero necesita con urgencia hombres que hagan más que prestar atención a sí mismos. Necesitamos hombres que no solo cumplan su deber a otros, sino que también vayan más allá... ¡necesitamos hombres como Booz! Nuestro país y el mundo están hambrientos de hombres dispuestos a ver una necesidad, responder a ella y asumir su responsabilidad. Necesitamos hombres que consideren su obligación un punto de partida, no una línea de meta. Los hombres de verdad asumen su responsabilidad.

PREGUNTAS DE ESTUDIO

1. Todos en el aposento alto podían ver la necesidad que había de que alguien lavara los pies de los demás. Jesús ejemplificó lo que hacen los hombres de verdad. Ellos ven una necesidad y actúan, incluso cuando la tarea está "por debajo de su categoría salarial". ¿Qué puedes ver en tu mundo que necesita hacerse? ¿En tu iglesia? ¿En tu familia? ¿En tu trabajo? ¿En tu grupo de estudio bíblico?

2. ¿De qué forma asumió Booz su responsabilidad? ¿Por qué permitía a los pobres espigar y segar en sus campos? Lee Rut 2:11-12. ¿Qué movió a Booz a ir más allá del llamado del deber en beneficio de Rut?

3. Hazte las preguntas difíciles: ¿Evitas tu responsabilidad o la asumes? ¿Qué diría tu familia al respecto? ¿Qué dirían tus amigos, compañeros de clase, socios laborales y empleados?

4. ¿Cuándo fue la última vez que fuiste más allá del llamado del deber en beneficio de alguien más, para la gloria de Dios? Sé honesto. ¿En qué puntos podrías mejorar?

PARTE 4:

LOS HOMBRES DE VERDAD MANIFIESTAN UN CARÁCTER PIADOSO

El buen carácter importa. Su valor es inestimable. El carácter implica honestidad, valentía, rectitud y virtud en todos los aspectos de la vida. Los hombres de verdad reflejan el carácter de Dios que se revela en las Escrituras. Los siguientes pasajes nos demuestran cuán importante es el carácter para Dios:

De más estima es el buen nombre que las muchas riquezas,
Y la buena fama más que la plata y el oro.
PROVERBIOS 22:1

Aun el muchacho es conocido por sus hechos,
Si su conducta fuere limpia y recta.
PROVERBIOS 20:11

Preferiría ser un don nadie que un alguien malvado.[1]
ABRAHAM LINCOLN

¿Qué es más valioso que el oro? El diamante.
Y ¿más que el diamante? La virtud.[2]
BENJAMIN FRANKLIN

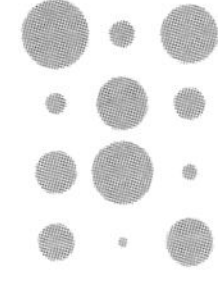

10

CÓMO FORJAR Y EMPLEAR EL CARÁCTER

El ataque de los medios en contra del buen carácter lleva años. Podemos verlo en dichos populares como "A las chicas les gustan los chicos malos" y "El buen carácter te vuelve aburrido y predecible". En un sentido, esto es cierto: el buen carácter sí te vuelve predecible. No obstante, yo prefiero un término diferente: el buen carácter te vuelve *confiable*.

Un hombre de mal carácter puede ayudarte o no. Un chico malo puede defenderte en un momento y, en el siguiente, apuñalarte por la espalda. El mal carácter es impredecible. Por otra parte, el buen carácter significa coherencia, y esta es la marca de la confiabilidad. Si un hombre de buen carácter dice que hará algo, solo las circunstancias más terribles e imprevistas lo detendrán. Un hombre de buen carácter te respaldará siempre. Puede que la cultura actual lo llame aburrido, pero, en realidad, un buen carácter hace que un hombre sea increíble.

Desafortunadamente, muchas personas no prestan suficiente atención al carácter de un hombre. Si le falta crecer en esta área, los demás suelen comentar: "Denle tiempo, ya mejorará". Sin embargo, esto casi nunca funciona así. Un hombre no cambia su carácter a menos que tenga una fuerte motivación por buscar a Dios y las cualidades de carácter que Dios anhela en su vida. Sin esto, no cambiará.

Nunca asumas que puedes motivar a un hombre a mejorar su carácter. Ni casarse ni volverse padre hará que cambie. El deseo de cambiar tiene que venir de dentro mediante la convicción de Dios en su corazón.

Un hombre de buen carácter cumplirá su deber y cuidará de los que están a su alrededor. Será un buen esposo y padre. Como se da cuenta de la importancia del carácter, proveerá los fundamentos morales y la cosmovisión cristiana que su familia necesita para tomar decisiones correctas que agraden a Dios.

LO BUENO ES BUENO; LO MALO ES MALO

Cuando empecé en la vida cristiana, leía la Biblia en cada oportunidad que tenía. En el libro de Proverbios, encontré lo que me pareció un manual de instrucciones secretas. Esto suena ridículo porque forma parte del libro más vendido de todos los tiempos, la Biblia. Pero Proverbios me enseñó principios que pocos entendían. Este libro es tan relevante hoy que parecía haberse escrito solo para mí y para cualquiera que estuviera dispuesto a recibir su sabiduría. Son instrucciones a un joven respecto a qué cosas son importantes y cómo ser la clase de hombre que tiene éxito en las cosas importantes.[1]

Leí Proverbios una y otra vez. El primer versículo del capítulo 22 me pareció especialmente notable: "De más estima es el buen nombre que las muchas riquezas". Una reputación fundamentada en tu carácter es mucho más importante que tu título, ocupación, educación y riqueza monetaria. El tamaño de tu cuenta de ahorros tiene únicamente un valor transitorio. Tu carácter tiene un valor eterno. El buen carácter *no* te califica para el cielo; solo la justicia de Cristo puede hacerlo (2 Corintios 5:21). Sin embargo, el buen carácter sí produce recompensas eternas (1 Corintios 3:11-15).

En Proverbios 22:1, Dios dice que la buena fama vale "más que la plata y el oro". En las Escrituras, se usa el término traducido *fama* de varias maneras y, en Proverbios 22:1, significa que si tienes un buen nombre, la gente en general (aunque no de forma universal) te respetará y honrará. Haz que tu prioridad sean un buen nombre, un buen carácter y una buena reputación; estas cosas son mucho más importantes que el dinero. Además, estas cualidades tienden a ofrecer estabilidad y éxito financieros.

Las filosofías mundanas cambian, pero el carácter piadoso trasciende el tiempo y el espacio. El carácter se refiere a la perspectiva moral de la persona: a su forma de pensar, su manera de procesar información y las cosas que valora. El carácter piadoso resulta en una conducta arraigada en el carácter de Dios.

CÓMO FORJAR UN CARÁCTER PIADOSO

Si queremos forjar un carácter piadoso, debemos ir a la Palabra de Dios. Proverbios 29:18 dice: "Sin profecía el pueblo se desenfrena; mas el que guarda la ley es bienaventurado". En el texto hebreo original, el término que se traduce "profecía" se refiere al tipo de visión que recibe un profeta del Dios vivo y que se registra en la Biblia. Sin esta clase de revelación (sin la Palabra de Dios), el pueblo se desenfrena.

John Adams, el segundo presidente de Estados Unidos y uno de sus fundadores, escribió: "No existe gobierno que tenga el poder para contender contra las pasiones humanas que la moralidad y la religión refrenan. La avaricia, la ambición, las venganzas y el libertinaje rompen hasta las cuerdas más fuertes de nuestra Constitución, como la ballena que atraviesa una red".[2]

Si el pueblo no respeta la revelación de Dios, terminará por desenfrenarse. Podemos ver esto todo el tiempo en las noticias. El resultado cuando la gente no aprecia a Dios ni su Palabra revelada es un comportamiento pecaminoso.

Sin la Palabra de Dios, el pueblo pierde todo dominio propio y no tiene directrices para medir el bien y el mal. Imagina que una medida como el centímetro o la pulgada significara una cosa para un contratista y otra para otro. La confusión sería la ruina de la construcción, sin importar cuánto dinero se invierta en ella. De manera similar, sin la revelación de Dios, la gente se queda sin brújula. Todos se forman su propia opinión de lo bueno y de lo malo, lo que provoca un caos moral desde el mundo del entretenimiento hasta el salón de clases y el gobierno. Jesús comparó este caos con construir una casa sobre la arena (Mateo 7:24-27). Sin la Palabra de Dios como su guía, la vida se tuerce, se tergiversa, se desvía y se vuelve inestable y poco confiable.

Dios nos dio la Biblia como su revelación principal para la humanidad. Ahí es donde encontramos la clave para cultivar un carácter piadoso. Si quieres un buen carácter, empápate de las Escrituras.

FUERZA EN LA TORMENTA

Cuando comienzo a dirigir un nuevo grupo de varones, les digo: "Lean entre tres y seis capítulos de la Biblia todos los días. Comiencen con el Nuevo Testamento. Dentro de seis meses, no serán los mismos".

Es crucial tener una ingesta regular de la Palabra de Dios porque nuestra mente es un campo de batalla. Según la revista *Forbes*, "los expertos en mercadotecnia digital estiman que la mayoría de los estadounidenses se exponen a entre 4.000 y 10.000 anuncios todos los días".[3] Hay demasiadas cosas que luchan por nuestra atención.

Considera las técnicas que usa la industria de la mercadotecnia para influenciarte. En 1 Juan 2:16 se nos advierte que no debemos amar "los deseos de la carne, los deseos de los ojos, y la vanagloria de la vida". ¿Qué está en el centro de prácticamente todos los mensajes publicitarios que ves? *Los deseos de la carne, los deseos de los ojos, la vanagloria de la vida,* o alguna combinación de estas cosas. Estos elementos son prácticamente omnipresentes en la publicidad. A continuación, 1 Juan 2:16 nos advierte que cualquier mensaje que se basa en estas cosas "no proviene del Padre, sino del mundo".

LOS TRES DESEOS

Cuando Juan habla de los tres deseos, está advirtiendo sobre lo que Efesios 6:12 llama "los gobernadores de las tinieblas de este siglo". "El dios de este siglo" es quien dirige a estos "gobernadores" (2 Corintios 4:4). Su nombre es Satanás. Jesús también lo llamó "el príncipe de este mundo" (Juan 16:11). Estas fuerzas buscan manipularnos con "los deseos de la carne, los deseos de los ojos, y la vanagloria de la vida".

Los expertos en manipulación mental desarrollan la mayoría de estos entre 4.000 y 10.000 mensajes publicitarios. Estos estimulan la mente de maneras que tienden a apartarnos de los estándares de Dios. No obstante, la publicidad representa solo parte de la información mundana que inunda diariamente nuestra mente.

Considera lo que ves y oyes *entre* los comerciales: la música, las series de televisión, los programas de "realidad", los videojuegos, las noticias, las películas, las revistas y así sucesivamente. Más de lo que podrías imaginar, el mundo te atrae con estos tres deseos y te inunda con mensajes contrarios a Dios y a su Palabra.

Si estás vacío, el mundo intentará llenarte. Sin embargo, si estás saturado de la Palabra de Dios, no habrá espacio para las influencias de Satanás. Tu mente es un campo de batalla. Llénala con los pensamientos de Dios. De otra manera, el mensaje del mundo se convertirá en el contexto a través del cual lo verás todo, incluso la Palabra de Dios. Invierte la dinámica. Que la Palabra de Dios sea el contexto a través del cual lo ves todo, incluso los mensajes del mundo.

LA BIBLIA O EL ENTRETENIMIENTO

En 2 Corintios 10:5 se nos habla de llevar "cautivo todo pensamiento a la obediencia a Cristo". ¿Cómo podemos hacerlo si no sabemos lo que Cristo dijo? ¿O si constantemente alimentamos nuestra mente con los pensamientos de Satanás y del mundo e ignoramos prácticamente todo lo que Dios nos dice? Más que nunca, necesitamos saturarnos de la Palabra de Dios.

Supón que te pido que nombres al elenco de series como *Friends* o *The Big Bang Theory*. O, si miras series más antiguas, el elenco de *Los locos Adams*. La mayoría de los cristianos podrían hacerlo con facilidad.

Ahora, supón que te pido que enumeres los Diez Mandamientos. ¿Cómo te iría? En encuestas, la mayoría de los cristianos fallan miserablemente en nombrar los mandamientos. No es de sorprender que la mayoría de los no creyentes no puedan nombrarlos, pero es desconcertante la cantidad de cristianos que tampoco pueden hacerlo.

Esto es un problema tremendo. Una falta de conocimiento bíblico significa una falta de orientación hacia Dios. Un cristiano que no se orienta conscientemente hacia la Biblia tiende a orientarse más hacia los sistemas del mundo. Por eso, es cada vez más difícil ver una diferencia entre las iglesias y los clubes cívicos o sociales. En cambio, la diferencia debería ser la que hay entre el día y la noche.

Hoy, muchos cristianos se están alejando de las Escrituras. Tristemente, esto también sucede con muchas iglesias. Si esto continúa, ¿veremos cada vez más inmoralidad en la iglesia? Esta es una ley espiritual: "Sin profecía el pueblo se desenfrena; mas el que guarda la ley es bienaventurado" (Proverbios 29:18).

Mientras más separados estemos de la Biblia, más se deteriorarán nuestros pensamientos y comportamientos. Necesitamos prestar atención a las Escrituras si queremos tomar buenas decisiones en la vida, pero las buenas decisiones comienzan con un buen carácter y este a su vez comienza con las cosas en las que escogemos pensar. Por eso es tan esencial llevar cautivo todo pensamiento a la obediencia a Cristo (2 Corintios 10:5) y esto sucede cuando nos saturamos de la Palabra de Dios.

Bienaventurado el varón que no anduvo en consejo de malos,
Ni estuvo en camino de pecadores,
Ni en silla de escarnecedores se ha sentado;
Sino que en la ley de Jehová está su delicia,
Y en su ley medita de día y de noche.
Será como árbol plantado junto a corrientes de aguas,
Que da su fruto en su tiempo,
Y su hoja no cae;
Y todo lo que hace, prosperará (Salmos 1:1-3).

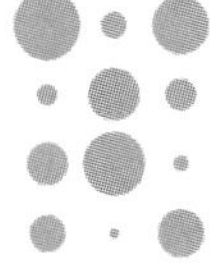

11

EL CARÁCTER PROBADO POR FUEGO

El carácter debe ser forjado, empleado... y luego será probado. Una de las pruebas de carácter más famosas sucedió en la vida de tres jóvenes. Sus nombres originales eran Ananías, Misael y Azarías. Nosotros los conocemos por los nombres que les impusieron sus captores babilonios: Sadrac, Mesac y Abednego.

Los babilonios robaban a los jóvenes más inteligentes y talentosos de las naciones que conquistaban. Ellos veían el conocimiento y la habilidad de tales hombres de forma muy parecida a la que veían el oro del enemigo: como un recurso que saquear. En el proceso, transformaban a estos jóvenes de diferentes culturas en siervos del imperio.

Babilonia bautizaba a sus conversos culturales por inmersión. Les cambiaban su forma de vestir, su idioma, su comida y sus demás costumbres. Los separaban de su familia. Para someterlos, utilizaban una combinación de "zanahorias y garrotes", es decir, halagos y lujos junto con un temor bien fundamentado de la crueldad y del castigo. Daniel, Sadrac, Mesac y Abednego estaban entre los extranjeros apuestos y bien educados que Babilonia pretendía explotar.

JÓVENES CON CARÁCTER

Al igual que José, podemos ver cómo Daniel, Sadrac, Mesac y Abednego sobresalían bajo circunstancias extremas. Al igual que con José,

Dios tenía un plan, incluso cuando todo parecía perdido. Después de que Daniel interpretara el sueño de Nabucodonosor en Daniel 2, el rey lo colmó de regalos y de honores. Daniel 2:48 dice: "Entonces el rey engrandeció a Daniel, y le dio muchos honores y grandes dones, y le hizo gobernador de toda la provincia de Babilonia, y jefe supremo de todos los sabios de Babilonia".

La nación de Babilonia constaba de muchas provincias. El rey hizo a Daniel supervisor de la provincia de Babilonia, posiblemente el empleo más codiciado del imperio. Imagina cómo le cayó esto a la vieja guardia. Para empeorar las cosas, el rey nombró a Daniel "jefe supremo de todos los sabios de Babilonia".

Sin duda, la sabiduría y la humildad de Daniel le sirvieron en esta difícil situación. Aun así, era joven, extranjero, judío y, para los sofisticados babilonios, un donnadie de en medio de la nada. Imagina a un chico de un pueblucho cualquiera que va a trabajar para Apple en Silicon Valley. Comienza a trabajar en el departamento de correos y, luego, en un solo día, abandona el departamento para convertirse en el vicepresidente más poderoso de la compañía. ¿Cómo crees que se sentirían los demás vicepresidentes?

El chico del pueblucho luego asciende a sus compañeros como asistentes suyos. Sadrac, Mesac y Abednego trabajaron de cerca con Daniel en la administración de esta gran provincia. Daniel 3:12 nos dice que estaban "sobre los negocios de la provincia de Babilonia". El rey mismo colocó a cuatro varones extranjeros, de apenas unos veinte años, a cargo de la provincia más importante del imperio.[1]

La imagen del rey

El rey Nabucodonosor mandó fabricar una estatua. Esta se levantaba por encima de la llanura de Sinar, no lejos de la antigua torre de Babel. No se trataba de un edificio, sino más bien de una obra de arte: una imagen. Se elevaba a unos 27 metros (90 pies) del suelo (Daniel 3:1), la altura aproximada de un edificio de ocho pisos. Los artesanos habían recubierto la estatua de oro y la luz del sol le daba al oro un brillo espectacular y casi sobrenatural. En las llanuras de Sinar, la estatua podía verse y hasta brillar desde una distancia enorme.

La Biblia llama a la estatua una "imagen". No sabemos qué imagen representaba la estatua. Pudo haber sido el propio Nabucodonosor; sabemos que tenía problemas con el orgullo (Daniel 4:30). Hasta se jactaba de su propia humildad. En la puerta de Istar, en la antigua ciudad de Babilonia, los arqueólogos modernos descubrieron una inscripción que él escribió. Así es como se describía a sí mismo: "el incansable Gobernador, que [...] se preocupa constantemente por el bienestar de Babilonia [...] el sabio, el humilde [...] rey de Babilonia, soy yo".[2]

Sin importar si la estatua de oro representaba al mismo Nabucodonosor, sí sabemos que se lo tomó como algo personal cuando los cuatro hebreos desafiaron su decreto de postrarse ante ella.

El decreto del rey

Daniel 3:5 dice que, ante el sonido de ciertas señales musicales, los súbditos del rey debían "[postrarse] y [adorar] la estatua de oro que el rey Nabucodonosor ha levantado". El versículo 6 explica el castigo por negarse a obedecer: "cualquiera que no se postre y adore, inmediatamente será echado dentro de un horno de fuego ardiendo".

A veces solemos llamar a Sadrac, Mesac y Abednego "los tres jóvenes hebreos", donde *hebreos* es la palabra clave. Sus padres les habían enseñado los Diez Mandamientos desde su nacimiento. El primer mandamiento dice: "No tendrás dioses ajenos delante de mí" (Éxodo 20:3). El segundo mandamiento dice: "No te harás imagen" (Éxodos 20:4).

Cuando Sadrac, Mesac y Abednego llegaron por primera vez a Babilonia, ellos y Daniel arriesgaron su vida para defender este principio. Ciertamente, no se postrarían ahora delante de un ídolo.

La ira del rey

La corte de cada potentado en la historia ha sido un lugar de intrigas: de calumnias, traiciones, faccionalismos, prejuicios y engaños. Si esto te suena al entorno político de tu oficina, me estás entendiendo. Sin embargo, en la corte del rey Nabucodonosor, el entorno político literalmente se convertía en un deporte sangriento.

Cuando estos judíos se negaron a adorar al ídolo, esto creó una oportunidad para que otros en la corte los atacaran. Algunos de los caldeos fueron al rey y, en esencia, le dijeron: "Estos judíos no respetan ni tu imagen, ni tu decreto ni a ti. La ley dice que debes echarlos al horno de fuego".

Sus palabras lograron el efecto deseado.

> Entonces Nabucodonosor se enfureció y ordenó que trajeran ante él a Sadrac, Mesac y Abed-nego. Cuando los trajeron, Nabucodonosor les preguntó:
>
> —¿Es cierto, Sadrac, Mesac y Abed-nego, que ustedes se rehúsan a servir a mis dioses y a rendir culto a la estatua de oro que he levantado? Les daré una oportunidad más para inclinarse y rendir culto a la estatua que he hecho cuando oigan el sonido de los instrumentos musicales. Sin embargo, si se niegan, serán inmediatamente arrojados al horno ardiente y entonces, ¿qué dios podrá rescatarlos de mi poder? (Daniel 3:13-15, NTV).

CONFIADOS DELANTE DEL REY

Los tres jóvenes le dieron una respuesta gloriosa, una declaración de fe en Dios, en su sabiduría y en el cielo mismo:

> Sadrac, Mesac y Abed-nego contestaron:
>
> —Oh Nabucodonosor, no necesitamos defendernos delante de usted. Si nos arrojan al horno ardiente, el Dios a quien servimos es capaz de salvarnos. Él nos rescatará de su poder, su majestad; pero aunque no lo hiciera, deseamos dejar en claro ante usted que jamás serviremos a sus dioses ni rendiremos culto a la estatua de oro que usted ha levantado (Daniel 3:16-18, NTV).

Ante esta decisión entre la valentía y la transigencia, la mayoría de las personas estarían sudando la gota gorda. *¿Qué haría yo? ¿Postrarme frente al ídolo o permitirles lanzarme al horno de fuego? No me gusta decepcionar a Dios, pero ¿acaso no lo consideraría Él un caso especial?*

Casi nunca tomamos decisiones importantes en el momento. Lo más normal es tomarlas de antemano. Estos jóvenes habían tomado la decisión desde antes de llegar a Babilonia. Ellos sabían quiénes eran en Dios. Pensaban y se comportaban como hijos de Él.

MORIR EN CRISTO ES GANANCIA

Aunque sea una puerta al cielo, nadie quiere entrar en un horno de fuego. Nuestro cuerpo se rebela ante tal idea. Nadie quiere sufrir, pero, ante la perspectiva de un dolor tan indescriptible, los tres amigos mantuvieron una ambición enfocada en el éxito bíblico. Ellos vieron su vida en el contexto de la eternidad y manifestaron un carácter piadoso.

Aunque vivieron mucho antes del ministerio terrenal de Cristo, compartieron la actitud de Pablo en Filipenses 1:21: "para mí el vivir es Cristo, y el morir es ganancia".

Sadrac y sus amigos confiaron por completo en la capacidad de Dios. Ellos sabían que Él *podía* librarlos y dijeron con confianza: "Dios puede hacerlo". También sabían que era posible que Él no los librara en esta instancia. Entendían perfectamente que podrían sufrir por causa de la justicia (ver 1 Pedro 3:14).

Le dijeron al rey que la supervivencia de su cuerpo mortal no era lo más importante. Dios podía o no concederles un milagro. "Pero aunque no lo hiciera", le dijeron, "deseamos dejar en claro ante usted que jamás serviremos a sus dioses ni rendiremos culto a la estatua de oro que usted ha levantado" (Daniel 3:18, NTV).

LAS GRANDES DECISIONES ESTÁN PREDESTINADAS POR LAS PEQUEÑAS

El carácter piadoso tomó la decisión más importante de su vida casi en automático. El carácter toma decisiones y, a menudo, lo hace de antemano.

Si un soltero en una cita se encuentra tratando de decidir si acostarse o no más tarde con la chica, tiene un verdadero problema. No puede esperarse hasta el punto cumbre de la tentación para tomar la decisión. Tiene que decidir hacer lo correcto desde antes. Este principio se aplica a cualquier tentación que enfrentamos.

El carácter, la devoción, la piedad y la justicia de cada uno de estos tres jóvenes fueron probados de forma terrible. Sin embargo, la calidad del carácter hace que el resultado de la prueba sea una conclusión inevitable. Y, como el asunto estaba decidido desde el principio, ellos permanecieron en paz durante esta difícil experiencia.

La mayoría de las personas habrían estado aterradas ante tal situación. Estos jóvenes no tenían el control de sus circunstancias, pero sí tenían claro el control de sí mismos y de sus reacciones. Observa la remarcable compostura de su repuesta: "Oh Nabucodonosor, no necesitamos defendernos delante de usted" (Daniel 3:16, NTV).

¿Puedes escuchar la serenidad de su afirmación? Ellos no rogaron por su vida ni intentaron persuadir al rey de la injusticia de su decreto. Tampoco estaban ansiosos. Sencillamente, estaban tranquilamente decididos. Como la decisión estaba tomada, su ansiedad dio un paso atrás. El resto estaba en las manos de Dios. Ellos permanecerían firmes con su Dios con la confianza en que, sin importar el resultado inmediato, Él también permanecería firme con ellos. Eso era suficiente.

Todos conocían el mal genio de Nabucodonosor. En Daniel 2, cuando sus sabios no pudieron describir el sueño que tuvo, ordenó a los soldados de la guardia del palacio que los descuartizaran (v. 5). Aquí, ordenó a sus soldados calentar el horno siete veces más que de costumbre. Luego, mandó que ataran a Sadrac, Mesac y Abednego y que lanzaran a estos tres judíos al horno ardiente. Como el horno estaba extremadamente caliente, los soldados que lanzaron a los tres varones murieron.

Nabucodonosor se paró en su plataforma, con la idea de presenciar estas tres muertes cruentas. Lo que vio, en cambio, desconcertó al mundo entero de su época. Daniel 3:24-25 describe la escena de esta manera:

> Entonces el rey Nabucodonosor se espantó, y se levantó apresuradamente y dijo a los de su consejo: ¿No echaron a tres varones atados dentro del fuego? Ellos respondieron al rey: Es verdad, oh rey. Y él dijo: He aquí yo veo cuatro varones sueltos, que se pasean en medio del fuego sin sufrir ningún daño; y el aspecto del cuarto es semejante a hijo de los dioses.

SIERVOS DEL DIOS ALTÍSIMO

Nuestra respuesta a las pruebas debe dar testimonio del poder, del amor y del cuidado del Dios Todopoderoso. El versículo 26 nos relata lo que sucedió a continuación: "Entonces Nabucodonosor se acercó a la puerta del horno de fuego ardiendo, y dijo: Sadrac, Mesac y Abednego, siervos del Dios Altísimo, salid y venid".

El rey creía en muchos dioses, pero, en este momento, entendió que había Uno que los superaba a todos. Los dioses que había conocido eran como nada comparados con el Dios de Sadrac, Mesac y Abednego. El testimonio de estos tres jóvenes llegó mucho más allá que el rey. El versículo 27 afirma: "Y se juntaron los sátrapas, los gobernadores, los capitanes y los consejeros del rey, para mirar a estos varones, cómo el fuego no había tenido poder alguno sobre sus cuerpos, ni aun el cabello de sus cabezas se había quemado; sus ropas estaban intactas, y ni siquiera olor de fuego tenían".

En respuesta, este rey pagano dijo: "Bendito sea el Dios de ellos, de Sadrac, Mesac y Abednego, que envió su ángel y libró a sus siervos que confiaron en él, y que no cumplieron el edicto del rey, y entregaron sus cuerpos antes que servir y adorar a otro dios que su Dios" (v. 28).

El carácter que demostraron estos tres amigos permitió que su testimonio de Dios resonara por todo el mundo conocido. A continuación, el rey Nabucodonosor (a su clásica manera macabra) ordenó que se proclamara un edicto en todo su reino. Dijo: "Por lo tanto, decreto que todo pueblo, nación o lengua que dijere blasfemia contra el Dios de Sadrac, Mesac y Abednego, sea descuartizado, y su casa convertida en muladar; por cuanto no hay dios que pueda librar como este" (v. 29).

El violento celo de Nabucodonosor era típico del momento en el que vivía. Él utilizaba amenazas extremas para demostrar su seriedad. Lo importante es que, de pronto, todo el mundo escuchó del Dios de Israel "que [podía] librar" como ningún otro. Esto es lo que logra el carácter cuando su poder y su dirección provienen de la Palabra de Dios.

Al enfrentar pruebas, tu carácter determinará de antemano su resultado.

¿HUECO O LLENO?

Las pruebas revelan las cualidades internas de una persona. Tengo un amigo que descubrió un árbol inmenso que había caído durante una tormenta. Él había pasado junto a ese árbol durante años. Parecía estar sano y fuerte. Sin embargo, cuando cayó, mi amigo pudo ver que el árbol estaba casi completamente hueco. Esto hizo que el árbol fuera demasiado débil para resistir la tormenta.

Pídele a Dios que te llene con la fuerza de su carácter. Permítele saturarte con su Palabra. Cuando Él llene los lugares huecos en tu interior con el poder de su justicia, podrás permanecer firme en la tormenta. Serás un hombre de verdad que manifiesta un carácter piadoso.

PREGUNTAS DE ESTUDIO

1. ¿Es posible agradar a Dios sin un carácter piadoso? ¿Por qué?

2. Los Diez Mandamientos son el fundamento de un carácter piadoso. ¿Cuántos de los Diez Mandamientos puedes anotar de memoria?

3. Los Diez Mandamientos no pueden salvarnos de nuestro pecado (Romanos 3:19). Su función principal es mostrarnos que somos pecadores y que necesitamos confiar en Jesús como nuestro Salvador (Gálatas 2:20-21). ¿Has confiado ya en Jesús?

4. Los Diez Mandamientos también tienen otro propósito: nos revelan la brújula moral de Dios. Esto nos permite saber cómo es un carácter piadoso. ¿Cuáles de los Diez Mandamientos pusieron por obra Sadrac, Mesac y Abednego?

5. ¿Cuándo fue la última vez que, conscientemente, tomaste una decisión de actuar con base en los Diez Mandamientos? ¿Qué sucedió?

PARTE 5:

LOS HOMBRES DE VERDAD MUESTRAN CONSIDERACIÓN

Jesús reiteró el mandato del Antiguo Testamento de amar a tu prójimo como a ti mismo. Él lo llamó uno de los dos más grandes mandamientos, solo por debajo del mandato de amar a Dios. La consideración es el resultado del amor. Implica ser conscientes: los hombres piadosos son conscientes de las capacidades emocionales, físicas y espirituales de las personas a su alrededor y se esfuerzan por mostrar consideración para con las necesidades de otros en estas áreas.

Recuérdales que estén sujetos a los gobernantes, a las autoridades; que sean obedientes, que estén preparados para toda buena obra; que no injurien a nadie, que no sean contenciosos, sino amables, mostrando toda consideración para con todos los hombres.

TITO 3:1-2 (NBLA)

Nada hagáis por contienda o por vanagloria; antes bien con humildad, estimando cada uno a los demás como superiores a él mismo; no mirando cada uno por lo suyo propio, sino cada cual también por lo de los otros.

FILIPENSES 2:3-4

Dentro del corazón del hombre, la fidelidad y la consideración son de mayor estima que el éxito.[1]

BRYANT MCGILL

Si ninguna otra cosa me hubiera convencido del valor de la vida cristiana, la labor cristiana que la iglesia de todas las denominaciones en Estados Unidos ha realizado durante los últimos treinta y cinco años para elevar al hombre de color me habría movido a convertirme en cristiano.[2]

BOOKER T. WASHINGTON

12

LA CONSIDERACIÓN Y LA VERDAD

Tito es el héroe olvidado de la fe cristiana. Él buscó el éxito bíblico (Tito 1:4-5), tuvo una ambición enfocada (2 Corintios 8:16-17), asumió su responsabilidad (2 Corintios 8:6), demostró un carácter piadoso (2 Corintios 8:23),[1] y manifestó consideración (2 Corintios 7:6). Fue uno de los misioneros principales del siglo I.

Tito se destacó como uno de los colaboradores de Pablo en las misiones. Cuando los dos llegaron a la isla griega de Creta, Pablo le pidió a Tito que se quedara allí para servir a las iglesias. Parte de su responsabilidad era ir a las aldeas cretenses y nombrar líderes en cada congregación.

Pablo escribió su carta a Tito para ayudar a este joven a entender su rol como supervisor. El primer capítulo de la epístola a Tito nos habla de los requisitos para el liderazgo en la iglesia. El segundo capítulo le informa a su colaborador lo que necesitaba enfatizar en su enseñanza.

El capítulo 2 termina con estas palabras de Pablo a Tito: "Nadie te menosprecie" (v. 15). Esto no significa que Tito tenía permiso para ser un tirano. En cambio, la exhortación era a ser valiente, confiado y, si era necesario, a encarar a los impíos que se habían infiltrado en la iglesia. Incluso frente a críticas y amenazas, Tito debía mantenerse firme en lo que sabía que era correcto, justo y piadoso.

Tito 3 comienza con la palabra: "Recuérdales". Pablo sabía que los cristianos de Creta habían recibido ciertas enseñanzas fundamentales porque él mismo había sido su maestro. Sin embargo, también sabía que es fácil olvidarse de los fundamentos. Cuando los equipos de Tom Landry, el legendario entrenador de fútbol americano, tenían problemas, él no añadía más tácticas complicadas, por las que ya era famoso. En cambio, los ponía a entrenar interminablemente los fundamentos del deporte: bloquear y taclear.

Esto fue lo que Pablo le dijo a Tito: Ayuda a la iglesia a recordar los fundamentos.

MUESTREN CONSIDERACIÓN

En Tito 3:1-2, Pablo le dice a su joven amigo: "Recuérdales que estén sujetos a los gobernantes, a las autoridades; que sean obedientes, que estén preparados para toda buena obra. Que no injurien a nadie, que no sean contenciosos, *sino* amables, mostrando toda consideración [*praútes*] para *con* todos los hombres" (NBLA).

Mostrar toda "consideración" significa tomar en cuenta a los demás. El Nuevo Testamento utiliza la palabra griega *praútes* en doce ocasiones y se traduce principalmente "mansedumbre". Cuando dice "para con todos los hombres", el texto griego se refiere a "toda la humanidad". Muestra consideración y mansedumbre para con todos, hombres o mujeres. No excluyas a nadie. Los seguidores de Jesús debemos ser las personas más consideradas en la oficina, en el campus, en la fila del supermercado o en el lago cuando salen de pesca. ¿Por qué? Porque pertenecemos a Cristo. Todo lo que hacemos es un reflejo de Él.

CONSIDERACIÓN O TOLERANCIA

Satanás es el gran engañador (Juan 8:44). A él le encanta hacer que tú y tus hijos igualen la consideración piadosa con la definición moderna de tolerancia. No obstante, las dos están a un universo de distancia.

El mundo bombardea a los creyentes con acusaciones de intolerancia. Irónicamente, nuestros críticos a menudo nos juzgan y nos tachan de *juzgadores* porque cada vez ignoran más las creencias cristianas. Su conocimiento está limitado a la propaganda que escuchan de aquellos que se oponen al cristianismo. Así que, tan pronto como descubren que somos cristianos (incluso antes de pronunciar nosotros una palabra) nos juzgan. Nos pronuncian culpables del único pecado que, en su mundo, no puede tolerarse: la intolerancia. (Sí, lo sé. ¡Qué ironía!).

Así que atacan nuestras doctrinas más fundamentales. Por ejemplo, Jesús dijo en Juan 14:6: "Yo soy el camino, y la verdad, y la vida; nadie viene al Padre, sino por mí".

"¿Es que no sabes —preguntan ellos— que todos los caminos llevan a Dios?". Una vez, mientras le compartía de Jesús a un amigo, él me respondió: "Yo creo que todos los que sean sinceros irán al cielo".

Si esto fuera verdad, ¿cómo podría alguien tener seguridad delante de Dios? ¿Qué tan sincero es lo suficientemente sincero? Nuestra sinceridad fluctúa dependiendo de nuestro humor y circunstancias. Por otra parte, Jesús nos da su Palabra y esta expresa su carácter perfecto. Él es total y plenamente confiable.

¿Por qué muchos se tornan tan violentos contra los cristianos? ¿Por qué no pueden diferir amablemente? ¿No sería eso un ejemplo de su ideal supremo, la tolerancia? En cambio, intentan hacer que los cristianos (en especial los jóvenes) se sientan culpables. Enseñan a los cristianos jóvenes, de maneras sutiles y no tan sutiles, que adherirse a las palabras de Jesús quebranta el tabú supremo de la sociedad.

EL AMOR, LA VERDAD Y LA CONSIDERACIÓN

Como seguidores de Jesús, no debemos expresar beligerancia ni malicia. Sin embargo, sí debemos hablar la verdad. Y la verdad puede doler (Proverbios 27:6).

Jesús habló la verdad con una franqueza sorprendente. En Mateo 23:27-28, dijo: "¡Ay de vosotros, escribas y fariseos, hipócritas! porque sois semejantes a sepulcros blanqueados, que por fuera, a la verdad, se muestran hermosos, mas por dentro están llenos de huesos de muertos y de toda inmundicia. Así también vosotros por fuera, a la verdad, os mostráis justos a los hombres, pero por dentro estáis llenos de hipocresía e iniquidad".

Jesús usó términos muy fuertes para sacudirlos de su santurronería religiosa y ayudarlos a darse cuenta de su necesidad de la gracia de Dios. Jesús no dijo estas cosas para perjudicarlos, sino más bien para ayudarles a ver su problema, uno tan grave que solo Él podría rescatarlos.

Por frustrantes y difíciles que fueran estos ciegos espirituales, Jesús los amaba. En Lucas 19:41-42, leemos: "Y cuando llegó cerca de la ciudad [Jerusalén], al verla, lloró sobre ella, diciendo: ¡Oh, si también tú conocieses, a lo menos en este tu día, lo que es para tu paz! Mas ahora está encubierto de tus ojos".

Jesús lloró por el pueblo de Jerusalén. Lloró por su pecado y ceguera a la verdad. Lloró por la oportunidad que estaban desperdiciando, por el dolor que sabía que tendrían que sufrir como resultado. ¿Por qué lloró por estas personas que lo rechazaron? Porque los amaba.

Esta debe ser también nuestra actitud. Sí, debemos hablar con la verdad, pero nunca con una actitud vengativa. Debemos permitir que la bondad nos caracterice y que el amor nos motive.

Algunos preguntan por qué debemos decir cosas desagradables cuando interactuamos con personas no cristianas. ¿Acaso el amor y la bondad no significan "vive y deja vivir"?

En una novela de James Bond de 1954, Ian Fleming usó un juego de palabras con la frase "vive y deja vivir" y tituló su libro: *Vive y deja morir*. Más tarde, en 1973, aparecieron una famosa película y una canción icónica. Irónicamente, el título de Fleming expresa lo que algunos parecen querer decir en verdad con las palabras "Vive y deja vivir". En realidad, quieren decir: "Vive y deja morir". Una persona que va encaminada hacia el desastre necesita escuchar una advertencia. Dejar que un ciego camine hacia un peligro evidente sin advertírselo no es amor.

La sociedad intenta manipular y hacer callar a los cristianos con la etiqueta de *intolerantes* cuando hablan la verdad. Los niños son especialmente vulnerables a esta clase de manipulación. Sin embargo, necesitamos entender (y ayudar a nuestros hijos a entender) que la consideración piadosa es diferente de la actitud de "vive y deja morir" de la tolerancia del mundo.

EL RELATIVISMO MORAL

No confundas la consideración con el relativismo moral. Nosotros aceptamos la realidad de que hay fuerzas que gobiernan el movimiento de la luz y la fuerza de la gravedad. Prácticamente todo el mundo acepta que estas leyes son objetivas y verdaderas. Sin embargo, nuestra sociedad enseña que la cultura y las circunstancias dictan la verdad moral. La moralidad es algo fluido.

Esto es extraño porque la mayoría de las personas reconocen que la moralidad es el fundamento de la civilización. Sobre el suelo, la superestructura de un edificio suele permitir algún grado de flexibilidad. Por diseño, los edificios de gran altura se balancean ligeramente con el viento. Sin embargo, incluso en estos casos, los constructores deben acatar límites estrictos. Los edificios no pueden usar vigas de goma ni paredes de agua.

Sobre todo, los cimientos deben ser sólidos. Cuanto más grande es el edificio, mayor es la necesidad de un cimiento sólido. Antes de levantar un rascacielos, los constructores cavan hasta encontrar roca firme. Luego vierten enormes cantidades de concreto que se solidifica en una sustancia similar a la roca. Finalmente, pueden comenzar a edificar hacia arriba. Si los cimientos no están firmes, no importa cuán elegantes sean los acabados ni cuán perfecto sea el diseño ingenieril del resto del edificio; este no perdurará.

EDIFICADOS SOBRE LA ROCA

Jesús ilustró esta verdad a la perfección:

> Cualquiera, pues, que me oye estas palabras, y las hace, le compararé a un hombre prudente, que edificó su casa sobre la roca. Descendió lluvia, y vinieron ríos, y soplaron vientos, y golpearon contra aquella casa; y no cayó, porque estaba fundada sobre la roca. Pero cualquiera que me oye estas palabras y no las hace, le compararé a un hombre insensato, que edificó su casa sobre la arena; y descendió lluvia, y vinieron ríos, y soplaron vientos, y dieron con ímpetu contra aquella casa; y cayó, y fue grande su ruina (Mateo 7:24-27).

Existe un Dios. Él lo creó todo. Y Él es un ser moral. Él puso en ti y en mí una conciencia. Sin embargo, las modas morales de nuestra época pueden alterar nuestra conciencia. También es posible cauterizarla (1 Timoteo 4:2). Por más útil que pueda ser la conciencia, debemos recordar que este mundo lleno de pecado la ha infectado. Esto significa que ya no siempre actúa de la forma que Dios planeó originalmente que funcionara.

Nuestra conciencia funciona mejor cuando la refrescamos constantemente en la presencia de Dios y la recalibramos regularmente con su Palabra.

Todos hemos lanzado un balón en un campo. Piensa en la diferencia entre un balón en vuelo libre y uno que está atado por una cuerda a un poste. Cuando lanzas este último, el balón da vueltas alrededor del poste. El poste es sólido y el balón está atado a él. Una moralidad que está atada a Dios no puede salir volando por su propia cuenta.

Si vives como si el bien y el mal cambiaran, terminas con una moralidad vaga e insustancial. Sin un fundamento moral sólido, ¿quién puede decir con toda autoridad que Hitler y los nazis estaban equivocados? Si la moralidad es cambiante, hasta la maldad se vuelve asunto de opinión. Después de todo, Hitler fue muy sincero en sus creencias... aunque estaban terriblemente equivocadas.

UNA CREENCIA DOGMÁTICA EN LA MALEABILIDAD DE LA VERDAD

La tolerancia mundana está basada en una creencia inflexible en la maleabilidad de la verdad. Habla de "mi verdad" y de "tu verdad" como si la verdad misma cambiara dependiendo de nuestro parecer. No es así. La verdad puede ser complicada. Puede ser difícil de discernir. Sin embargo, la verdad siempre es verdad.

En abril de 2020, el periódico *The Daily Monitor* publicó un artículo de Alan Tacca. Él escribió: "Para el creyente inteligente, Dios modifica de modo sutil su identidad, su carácter y sus valores según el contexto histórico y cultural donde es adorado".[2]

Según Tacca, el "creyente inteligente" cree en un dios que cambia según la época. El dios de Tacca está "a la moda". En contraste, el cristianismo bíblico no cree en la maleabilidad de Dios, sino más bien en la *inmutabilidad* de Dios. A través del profeta Malaquías, Dios habló de sí mismo sobre este asunto: "Yo Jehová no cambio" (Malaquías 3:6).

Esta realidad trae consuelo y seguridad al individuo y a sociedades enteras. Con resultados desgarradores, el mundo académico y del entretenimiento han arrebatado esta seguridad a la cultura y al individuo. Condenan a millones de personas a la oscuridad sin siquiera una vela para alumbrar su camino.

Cuando la gente dice: "No hay Dios", se transfieren a sí mismos la responsabilidad de decidir lo que está bien y lo que está mal. Esta es una afirmación de deidad, una carga para la que el ser humano no está capacitado. Si quieres una prueba de esto, considera lo siguiente. Durante el siglo XX, los regímenes gubernamentales que fueron abiertamente ateos asesinaron a unos cien millones de sus propios ciudadanos. Ese es el relativismo moral en acción.

Pablo exhortó a Tito a mostrar "toda consideración" (Tito 3:2, NBLA). La verdad es la consideración suprema, la bondad suprema. El relativismo moral no es de fiarse. Ciega y engaña a las personas. Por lo tanto, Cristo lo rechazó. En cambio, nosotros aceptamos a "YO SOY EL QUE SOY" (Éxodo 3:13-14). Él es la Verdad (Juan 14:6). Él no cambia (Malaquías 3:6).

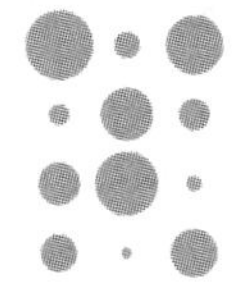

13

TRES TIPOS DE CONSIDERACIÓN

El Nuevo Testamento utiliza la palabra *consideración* de tres maneras diferentes: consideración en la sociedad, consideración en la iglesia y consideración en común.

LA CONSIDERACIÓN

1. Consideración en la sociedad

En la sociedad, consideración significa apertura hacia otros en amor. Queremos que estas personas escuchen sobre Jesús y buscamos ejemplificarles la misericordia que Él representa.

Sin embargo, nuestra bondad no cambia la naturaleza de Dios ni del pecado. Nuestro amor por los demás no reescribe el estándar de moralidad de Dios. Podemos amarlos sin amar sus caminos. En la sociedad, la consideración no debe usarse como medio para obtener popularidad entre quienes rechazan los estándares de Dios. En cambio, somos representantes de Él sobre la tierra y nuestra actitud de bondad debe reflejar su amor por la humanidad (2 Corintios 5:20). Debemos mostrar amor y consideración para con todos. El apóstol Pablo afirmó esto en 1 Corintios 9:19: "Por lo cual, siendo libre de todos, me he hecho siervo de todos para ganar a mayor número". Pablo era un hombre libre, no un esclavo.

No había ningún ser humano que pudiera llamarse su amo. Sin embargo, él eligió una vida de servicio con tal de ganar a otros para Cristo.

El enunciado "me he hecho siervo de todos" parecería imposible de poner en acción. ¿Cómo es posible que una persona sea el siervo de todos? Es posible mediante la consideración: una consideración constante hacia toda persona en toda situación.

A continuación, Pablo expone este tema y termina con las siguientes palabras: "a todos me he hecho de todo, para que de todos modos salve a algunos" (v. 22).

¿Significa esto que Pablo cometía actos inmorales con los inmorales? No, precisamente lo contrario. Cuando participamos con los pecadores en actos pecaminosos, desmeritamos nuestro testimonio del evangelio. Ellos no se volverán a nosotros en busca de ayuda si nos ven actuar exactamente como ellos. Si yo me encuentro hundiéndome en arenas movedizas, no le pido ayuda al que también se está hundiendo a mi lado; le pido ayuda al que está en tierra firme.

"A todos me he hecho de todo" se refiere a asuntos moralmente neutrales de cultura o de gustos. En una situación, puede que predique con traje y corbata. En otra, puede que use sandalias y una camiseta. Debo comunicar el evangelio en el contexto de la cultura a la que estoy buscando alcanzar. Esto puede significar abstenerme de ciertas cosas que sé que no son pecaminosas con tal de no ofender a aquellos que sí las consideran pecaminosas. Sin embargo, esto nunca significa hacer la obra de Dios mediante quebrantar sus reglas.

2. Consideración en la iglesia

Las iglesias en Estados Unidos se dividen prácticamente todos los días porque los creyentes no han aprendido una verdad sencilla: a Dios le gusta la variedad entre su pueblo. Cuando afirmo esto, no estoy hablando de pecado. Dios aborrece el pecado porque este lo insulta a Él y nos lastima a nosotros. Sin embargo, Él sí disfruta de nuestras diferencias. Su creación ilustra esta verdad. Considera los diferentes tipos de peces, de aves y de otros animales: sus colores, formas y personalidades.

Observa a los profetas. Cuando los profetas hablaron las palabras de Dios, lo hicieron siempre con el nivel más alto de autoridad. Sin embargo, incluso cuando hablaban las palabras mismas de Dios, seguían siendo individuos. Ningún lector confundiría a Daniel con Jeremías ni a Jonás con Isaías. Aunque experimentaban el nivel más alto de inspiración de parte de Dios, permanecieron únicos. Ellos inscribieron la inspiración (es decir, redactaron las palabras que Dios inspiró), pero lo hicieron como ellos mismos.

Dios no les robó su individualidad ni tampoco nos roba la nuestra. Él se deleita en nuestra singularidad. En Él, eres más tú mismo que lo que podrías ser sin Él.

No obstante, con demasiada frecuencia, las iglesias se separan por diferencias de estilo, de preferencias, de cultura o de formas de hablar. No estoy hablando aquí de pecados sexuales, ni de engaños ni de robos. Estoy hablando del color de la alfombra o de la regla de que todos los ujieres deben ser varones y usar corbata.

La Biblia no prohíbe todo tipo de juicio. De hecho, a veces lo requiere. Cuando escogemos a alguien para el liderazgo en la iglesia, la Biblia nos manda juzgar su aptitud para esta posición (1 Timoteo 1:1-13; Tito 1:5-11). Cuando uno predica un sermón o escribe un libro, Dios nos manda juzgar esas palabras contra la plomada de su Palabra (2 Pedro 1:21; ver tb. Isaías 8:20; 1 Tesalonicenses 5:21; 2 Timoteo 3:16-17). También debemos examinarnos a nosotros mismos (1 Corintios 11:28; 2 Corintios 13:5) y esto es también una forma de juicio.

Sin embargo, la Biblia nos dice claramente que no debemos juzgar a la persona que come carne de cerdo ni tampoco al que se abstiene de él (Romanos 14:1-4). (Si crees que es mejor para ti comer verduras, entonces cómete las verduras y déjame la carne a mí). Si puedes comer carne de cerdo con fe, entonces goza de esa libertad. Solo que no uses tu libertad para lastimar a otro… a ese por quien Cristo murió.

En Romanos 14:14-15, Pablo dijo: "Yo sé, y confío en el Señor Jesús, que nada es inmundo en sí mismo; mas para el que piensa que algo es inmundo, para él lo es. Pero si por causa de la comida tu hermano es contristado, ya no andas conforme al amor. No hagas que por la comida tuya se pierda aquel por quien Cristo murió".

Sé considerado en la iglesia. Da a otros espacio y gracia en Jesús.

3. Consideración en común

En el Nuevo Testamento, la consideración a menudo significa tomar en cuenta a los demás, honrarlos y reconocer sus necesidades, de maneras grandes y pequeñas. Una vez, cuando entré a un restaurante, le abrí la puerta a una mujer que salía. Ella me miró y me dijo: "Yo puedo abrirme sola la puerta. No necesito que la abras por mí".

Sus palabras conllevaban una acusación tácita, pero real, de sexismo. Me pregunté entonces por qué abrí la puerta. Esto me hizo recordar a mi abuelo. Cuando era niño, él me enseñó que, si llegaba antes que otra persona a una puerta cerrada, debía abrirla. No era cuestión de género, sino más bien de cortesía y de consideración. Él me estaba enseñando un principio cristiano: *honra a los demás.*

Cuando voy a un restaurante con amigos, intento siempre abrirles la puerta. Busco honrar tanto a hombres como a mujeres y mostrarles consideración y respeto. Si otro me abre la puerta, yo lo recibo con gratitud como señal de cortesía común, de consideración hacia mí.

LA CABALLEROSIDAD

Sin embargo, tengo que aceptar que sí me esfuerzo más por abrirle la puerta a una mujer que a un hombre. Esto se remonta al principio de mostrar un honor especial a la mujer.

En 2016, Alexa Mellardo escribió un artículo para el periódico *Elite Daily* titulado: "10 Of The Sexiest Things A Guy Can Do That Have Nothing To Do With Sex" [Las diez cosas más sexys que puede hacer un hombre que nada tienen que ver con el sexo]. ¿Su punto número uno de la lista? La caballerosidad. Ella escribió:

> Cualquier hombre que piense que la caballerosidad es un arte en decadencia debe revisar bien sus datos. A las chicas les encanta

> la caballerosidad anticuada y, chicos… es fácil lograrlo […]. Sencillamente, tienen que actuar como caballeros. Pan comido, ¿verdad? Cuando una chica comienza a conocerte, tu apariencia sexy será secundaria al tipo de hombre que perciba que eres. Tus acciones hablarán más que tus palabras y serán una prioridad en su lista de verificación. Ella tomará nota […]. Abrirle la puerta, conseguirle un asiento, asegurarse de que llegue a casa bien y tomarla de la mano tienen excelentes resultados.[1]

Las encuestas varían en cuanto a si las personas consideran o no la caballerosidad como algo sexista, pero la mayoría sí coincide en que está en decadencia. Una encuesta Harris de 2010 resalta este punto. La directora de la encuesta, Regina Corso, afirmó: "En la actualidad, las mujeres tenemos acceso a más salas de juntas y a la dirección de compañías, pero existe […] la sensación de que pudo haberse perdido algo más. Cuatro de cada cinco estadounidenses (el 81%), y esto incluye a hombres y a mujeres, dicen que las mujeres en la actualidad reciben un trato menos caballeroso que en el pasado".[2]

Durante la siguiente década, las cosas empeoraron. Mucho. El movimiento #MeToo [#YoTambién] nos ha dado un vistazo a lo terrible que se ha vuelto el comportamiento de los hombres hacia las mujeres.

LAS MUJERES Y LOS NIÑOS PRIMERO

Entre la multitud de monumentos en Washington, DC, pocos notan el que honra a los hombres del RMS *Titanic*. La inscripción dice así: "A los hombres valientes que perecieron en el naufragio del Titanic […]. Estos dieron su vida para que las mujeres y los niños se salvaran".

Tres cuartas partes de las mujeres sobrevivieron al hundimiento del inmenso navío. Tres cuartas partes de los hombres murieron. Esto no fue accidental. Los oficiales priorizaron a las mujeres y a los niños al dirigir el abordaje de los botes salvavidas. Intencionalmente, los hombres cedieron su posición en estos botes. ¿Por qué? Porque los hombres son protectores. (Estudiaremos esto con mayor profundidad en el capítulo 14).

¿Qué sucedería en una situación similar hoy? ¿Sálvese quien pueda? ¿La supervivencia del más fuerte? ¿Vida al que más fuerza física tenga? Los hombres y las mujeres son iguales, ¿así que se peleen por un espacio en el salvavidas, como ratas que huyen de un barco que se hunde? Esto no se trata de lindas costumbres anticuadas, sino más bien del fundamento de la civilización misma.

Tenemos una ilustración de la caballerosidad de la era moderna (o, más bien, de su falta) en el naufragio del crucero *Costa Concordia*. En 2012, encalló contra una roca cerca de la costa de la Toscana. El barco se volcó y se hundió parcialmente durante las siguientes horas y murieron treinta y dos personas. Según el periódico liberal *The Atlantic*: "Los hombres sacaron a empujones a las mujeres y a los niños de su camino para salvarse a sí mismos".[3]

La historia cita las palabras de una mujer: "La gente que se subió a empujones al bote les dijeron luego que cerraran la puerta, que no dejaran subir a más personas al bote [salvavidas] después de que ellos entraron [...]. Nosotras no podíamos creerlo; en especial los hombres, se comportaron peor que las mujeres".

Cuando el *Titanic* se hundió en 1912, varios hombres prominentes se hundieron con él, incluido Benjamin Guggenheim. El *Titanic* golpeó contra un iceberg y se hundió dos horas y cuarenta minutos después. Durante ese tiempo, hubo testigos que vieron a Guggenheim moverse de un bote a otro para ayudar a subir a las mujeres y a los niños. Podían escucharlo gritar: "¡Las mujeres primero!". Después de hacer lo que pudo para ayudar, él y su mayordomo regresaron a su camarote y se vistieron de gala. Los testigos afirman que se puso una rosa en el frac que llevaba puesto.

Guggenheim explicó a su mayordomo: "Nos hemos vestido de gala y estamos listos para hundirnos como caballeros". Un oficial de borda le ordenó al mayordomo que se encargara de un remo en uno de los últimos botes salvavidas. Como sabía que era probable que el mayordomo sobreviviera, Guggenheim le encargó este mensaje: "Dile a mi esposa en Nueva York que he hecho mi mejor esfuerzo por cumplir mi deber".[4]

¡PELIGRO EN ALTAMAR!

En 2 Corintios 11:26, Pablo habló de los peligros que enfrentó en sus muchos viajes, incluyendo "peligros en el mar".

Unos pocos años después de que Pablo escribiera esa carta, enfrentó otro peligro más en altamar. Los soldados lo llevaban a Roma como prisionero del imperio. Julio, un centurión de la compañía Augusta, dirigía a los guardias que estaban a cargo de Pablo. ¿Recuerdas que los hombres de verdad tienen carácter? El tremendo carácter de Pablo y su consideración hacia Julio ayudaron a crear un vínculo de confianza entre estos dos hombres. Este vínculo salvaría muchas vidas. Hechos 27:3 dice que, cuando llegaron a Sidón, "Julio trató con benevolencia a Pablo, permitiéndole ir a sus amigos y ser atendido *por ellos*" (NBLA).

Julio le permitió a Pablo bajar del barco para estar con sus amigos porque reconoció su carácter. Aunque era un prisionero y había sido acusado de ser criminal, Julio confió en que Pablo cumpliría su palabra y regresaría. Él sabía que Pablo no haría nada para poner en riesgo su bienestar como centurión.

Más tarde, en la ciudad de Mira, cambiaron de barco y continuaron su arduo viaje, con un fuerte viento en contra. Cuando llegaron a un lugar llamado Buenos Puertos, Pablo les aconsejó invernar allí. Los patrones climáticos en el Mediterráneo hacían que los viajes en el mar durante esta época del año fueran cada vez más peligrosos. Sin embargo, ellos querían llegar a Creta antes de invernar.

No mucho después de partir de Buenos Puertos, una enorme tormenta sacudió el navío. Después de catorce días de luchar por sobrevivir a la tormenta, todos perdieron la esperanza.

> Cuando comenzó a amanecer, Pablo exhortaba a todos que comiesen, diciendo: Este es el decimocuarto día que veláis y permanecéis en ayunas, sin comer nada. Por tanto, os ruego que comáis por vuestra salud; pues ni aun un cabello de la cabeza de ninguno de vosotros perecerá. Y habiendo dicho esto, tomó el pan y dio gracias a Dios en presencia de todos, y partiéndolo, comenzó a comer.

> Entonces todos, teniendo ya mejor ánimo, comieron también (Hechos 27:33-36).

Ponte en el lugar de Pablo. ¿Qué les dirías a tus guardias si estuvieran en peligro de muerte y las acusaciones contra ti fueran falsas? La respuesta humana típica pudiera ser: "Mueran, romanos, mueran". Sin embargo, Pablo mostró consideración cristiana para con todos. Él consideró su bienestar físico, emocional y espiritual. A esto me refiero cuando digo que "los hombres de verdad muestran consideración". A esto nos llama Jesús.

PREGUNTAS DE ESTUDIO

1. Los seguidores de Jesús tienen el mandato de mostrar consideración. ¿Qué significa esto?

2. ¿De qué formas te ha mostrado Dios consideración (o mansedumbre)? ¿Puedes pensar en momentos en el Nuevo Testamento cuando Jesús mostró consideración hacia personas que otros criticaban?

3. ¿Cuáles son las diferencias entre la consideración, la tolerancia y el relativismo? ¿Por qué son importantes?

4. En los pasajes a continuación, ¿de qué forma mostró consideración Jesús? Incluye consideración por el aspecto físico, emocional y espiritual de las personas.

    a. Marcos 1:40-45

    b. Mateo 19:13-14

    c. Lucas 19:1-10

PARTE 6:

LOS HOMBRES DE VERDAD PROTEGEN A LOS DEMÁS

Los hombres de verdad protegen a los demás. Nuestra sociedad se avergüenza ante la realidad biológica de que los hombres y las mujeres somos diferentes, en especial en términos de la evidente diferencia en fuerza física. Sin embargo, la Biblia acepta nuestras diferencias como parte del plan y del propósito de Dios en nuestra vida.

Librad al afligido y al necesitado;
Libradlo de mano de los impíos.
SALMOS 82:4

Aprended a hacer el bien; buscad el juicio, restituid al agraviado, haced justicia al huérfano, amparad a la viuda.
ISAÍAS 1:17

De Oppresso Liber
(De la opresión los libraremos)
LEMA DE LAS FUERZAS ESPECIALES DE LOS ESTADOS UNIDOS

El rifle en sí mismo no tiene estatura moral, pues no tiene voluntad propia. Naturalmente, puede ser usado por hombres malvados para propósitos malvados; pero hay más hombres buenos que malvados y, aunque estos últimos no se persuadirán a cambiarse al camino de la justicia mediante propagandas, ciertamente pueden ser corregidos por buenos hombres con rifles.[1]
JEFF COOPER

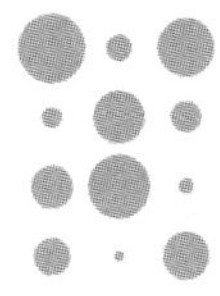

14

EL PROTECTOR

En enero de 2020, en el transcurso de unas cuantas horas, un coyote rabioso atacó a varias personas cerca de Kensington, en el estado de Nuevo Hampshire. Inconscientes del peligro, Ian O'Reilly y su familia entraron a caminar a ese mismo bosque. Su esposa llevaba en brazos a su hijo menor, un pequeño de dos años. El coyote se les acercó sigilosamente por detrás, se lanzó contra el niño y se aferró con los dientes a la capucha de su abrigo. La madre apartó al niño del animal y ambos padres se colocaron entre los hijos y el coyote enloquecido. Intentaron hacerlo huir, pero no lo lograron.

Mientras el coyote daba vueltas, los padres permanecieron entre él y los chicos. O'Reilly explicó: "Intentamos bajar la intensidad del conflicto, porque ninguno de nosotros queríamos un altercado con un coyote. Desafortunadamente, el animal tenía otras intenciones. Se puso muy agresivo y comenzó a atacarnos".

O'Reilly se dio cuenta de que, para proteger a su familia, tendría que convertirse en el agresor. Así que atacó al animal rabioso con las manos. El coyote mordió al hombre en la pierna y en el pecho, pero, finalmente, O'Reilly pudo controlar la situación. "Había mucha nieve en el suelo, de manera que clavé su hocico en la nieve y, finalmente, pude poner mi mano en su hocico y hacer que se muriera por asfixia. En última instancia, una mano en su tráquea y otra en el hocico fueron la solución".[1]

Las mamás y los papás se interponen entre el peligro y sus hijos.

Cuando es necesario, el papá ataca a un carnívoro salvaje hasta con las manos. Puede que reciba mordidas. Al igual que Ian O'Reilly, puede que tenga que ir al hospital y recibir inyecciones contra la rabia después de la batalla. O, al igual que otros padres en otros momentos, puede que no sobreviva al altercado. Sin embargo, siempre hará lo posible por mantener seguros a su esposa y a sus hijos.

UN HOMENAJE A JUAN

En 2019, un par de días después de la Navidad, sucedió algo terrible en una ciudad en la que hace tiempo pastoreé y que jugó un papel clave en mi vida: Hemet, California. Tarde en la noche del 27 de diciembre, comenzó un incendio en un apartamento. La mamá despertó al papá, Juan, quien no titubeó y condujo a su esposa, a su bebé y a su hija de once años hasta un lugar seguro.

Luego regresó para rescatar a los demás hijos: a Janessa, de cuatro años; a Maris, de doce años; y a Isaac, de ocho años. Juan nunca fue visto con vida después de esto y los tres niños también murieron.

Los miembros de su familia describieron a Juan como una persona con un gran corazón porque a él y a sus hijos les encantaba jugar juntos. No obstante, cuando todo estaba en juego, Juan fue un hombre de verdad. Él entregó su vida por rescatar a sus hijos.

Los bomberos usaron la ocasión para advertir a la gente de no regresar a un edificio en llamas, ni siquiera para salvar a un ser querido. Sin embargo, un oficial de la policía de Hemet concedió: "Como padre, creo que muchos de nosotros pensaríamos en volver a entrar".

Su comentario se quedó corto de la realidad. Si se presentara la oportunidad, un padre regresaría. Enfrentaría las llamas. Rescataría a sus hijos… o moriría en el intento.

Dios ha programado en el cerebro y el cuerpo del varón un instinto protector. Pero, para desgracia de todos, nuestra cultura les enseña a los hombres que esto es sexista y que está mal. Estas enseñanzas ponen al hombre y a la mujer en conflicto con los instintos que Dios les ha dado. Dejan a nuestros hijos, esposa, iglesia, comunidad y nación vulnerables al ataque de los malvados. El rol de protector del varón no solo está escrito en nuestro ADN. También está escrito en la Palabra de Dios.

NECESITAMOS PROTECCIÓN

El juego de béisbol fue genial. Jera y yo habíamos llevado a nuestra hija, a su esposo y a sus hijos a ver a los Santos de San Pablo. Les encantó todo: los perritos calientes, los aplausos, las ovaciones… y hasta el partido. Dentro del estadio, como era de esperarse, todos estábamos pendientes de los nuestros. Sin embargo, después del partido teníamos que ser aún más cautelosos, porque tendríamos que caminar hasta el auto por una zona no muy segura. Esta era nuestra primera vez en el estadio y habíamos estacionado el auto un poco lejos del caudal de gente.

Tomé la delantera y Josh, mi cuñado, tomó la retaguardia. Mantuvimos a las mujeres y a los niños entre nosotros. Yo revisaba todos los callejones antes de dejar cruzar a los demás. Todo estuvo tranquilo hasta que vimos a cuatro hombres sentados contra una pared a media cuadra de nosotros. No teníamos otra opción más que pasar junto a ellos en la acera. Su porte y movimientos, junto con la manera en que bromeaban entre ellos, mostraban claras señales de que estaban bajo la influencia de drogas.

Cuando nos acercamos, me coloqué entre ellos y nuestra familia. Después que Jera y los demás pasaron junto a mí, Josh y yo tomamos ambos una posición detrás de nuestra familia mientras las mujeres avanzaban hacia un semáforo que se encontraba a unos metros por la acera. Cuando llegaron al semáforo se prepararon para cruzar, pero el tráfico no se lo permitió. Estábamos atrapados, con tráfico pesado y veloz de un lado y cuatro hombres amenazantes del otro.

Uno de los hombres se levantó y se dirigió hacia nosotros. Josh y yo nos mantuvimos entre las mujeres y los niños y este hombre. Sus comentarios y lenguaje corporal eran amenazadores. Comenzó a hablarles a mis nietos y a querer pasar entre nosotros hacia el grupito de mujeres y niños.

Yo pensé: *Aquí vamos.* Eché un vistazo a sus manos. ¿Llevaba un arma? Le grité: "¡Detente! ¡Aléjate!", mientras daba un paso hacia él. Ese fue un momento tenso… *muy tenso.* Los segundos parecieron horas.

Él hombre retrocedió. Sus amigos le dijeron que regresara. El semáforo se puso en rojo y nosotros cruzamos la carretera. Esa noche pudieron haber pasado muchas cosas, pero *nadie* lastimaría a mi familia sin una dura pelea. La presencia de un agente de policía habría sido excelente, pero no siempre es posible. Dios nos comisionó a Josh y a mí para ser la primera línea de defensa para nuestra familia.

El principio es este: Los que son más fuertes deben proteger a los más débiles de los malvados.

Vivimos en un mundo peligroso. Hay depredadores que atacan a los débiles. Y nada es más peligroso que un depredador humano. Los ladrones buscan blancos fáciles. Los traficantes sexuales buscan a los vulnerables. Los bravucones buscan debilidades e intentan dominar a los susceptibles. Mientras más débil sea tu posición en cualquier circunstancia, más grave será tu peligro. Por eso, Dios ha creado un sistema de capas de protección.

CAPAS DE PROTECCIÓN

Nivel 1: Dios mismo

Dios protege a quienes están en Cristo. Lo vemos en toda la Biblia:

- 2 Tesalonicenses 3:3: "Pero fiel es el Señor, que os afirmará y guardará del mal".
- Salmos 46:1: "Dios es nuestro amparo y fortaleza, nuestro pronto auxilio en las tribulaciones".
- Salmos 91:1: "El que habita al abrigo del Altísimo morará bajo la sombra del Omnipotente".
- Salmos 41:1-2: "Bienaventurado el que piensa en el pobre; en el día malo lo librará Jehová. Jehová lo guardará, y le dará vida; será bienaventurado en la tierra".

Escuchamos de esta protección en testimonios de hermanos y hermanas en Cristo por todo el mundo y por toda la historia. Una y otra vez, Dios se ha manifestado personalmente para proteger a los suyos.

Nivel 2: Los ángeles

Salmos 91:11 dice: "Pero a sus ángeles mandará acerca de ti, que te guarden en todos tus caminos". Hebreos 1:14 explica: "¿No son [los ángeles] espíritus ministradores, enviados para servicio a favor de los que serán herederos de la salvación?".

Podemos ver muchos ejemplos de esto en la Biblia. A menudo, Dios envía ángeles para proteger a su pueblo. Son sus siervos y actúan a su voluntad. Considera a Jesús, que había quedado exhausto después de cuarenta días de ayuno. Dios envió ángeles para atenderlo y servirlo. Jera y yo podemos atestiguar que Dios ha enviado ángeles para protegernos en nuestros esfuerzos globales por el evangelio.

Nivel 3: Los gobiernos humanos

Según Romanos 13, Dios dispuso al gobierno para nuestra protección. Él le ha ordenado castigar a los malhechores y garantizar la justicia para todos. Como el gobierno es tan poderoso, los malos gobiernos cometen grandes atrocidades. Un buen gobierno es esencial para nuestro bienestar.

Deuteronomio 16:18-20 afirma:

> Jueces y oficiales pondrás en todas tus ciudades que Jehová tu Dios te dará en tus tribus, los cuales juzgarán al pueblo con justo juicio. No tuerzas el derecho; no hagas acepción de personas, ni tomes soborno; porque el soborno ciega los ojos de los sabios, y pervierte las palabras de los justos. La justicia, la justicia seguirás, para que vivas y heredes la tierra que Jehová tu Dios te da.

Nivel 4: Los líderes de la iglesia

Dios creó al gobierno de la iglesia para proteger la verdad y el alma del pueblo de Dios. Él ha encargado a los ancianos proteger a la iglesia de los falsos maestros, de los inmorales y de los que causan divisiones. Una buena iglesia es necesaria para la protección del alma. Tito 1:10-11 dice: "Porque hay aún muchos contumaces, habladores de vanidades y engañadores, mayormente los de la circuncisión, a los cuales es preciso tapar la boca; que trastornan casas enteras, enseñando por ganancia deshonesta lo que no conviene".

Tito 3:10-11 ofrece otra exhortación para proteger a la iglesia, esta vez de los que buscan dividirla desde dentro: "Al hombre que cause divisiones, después de una y otra amonestación deséchalo, sabiendo que el tal se ha pervertido, y peca y está condenado por su propio juicio".

Hebreos 13:17 explica: "Obedeced a vuestros pastores, y sujetaos a ellos; porque ellos velan por vuestras almas, como quienes han de dar cuenta; para que lo hagan con alegría, y no quejándose, porque esto no os es provechoso".

Nivel 5: Los hombres

Dios ha dispuesto hombres para proteger a sus familias y a los que están en su círculo de influencia. Dios te dio tu fuerza para proteger a tu familia, no para lastimarlos. Ellos deben encontrar consuelo y seguridad en ti. Los hombres portan la imagen de Dios como protectores. Si Él te hizo más fuerte (e incluso si te hizo más intimidante) fue para ayudar a mantener seguros a otros, en especial a tu familia.

Me encanta la historia de Siclag, que se relata en 1 Samuel 30:1-25. Al regresar a la ciudad después de una misión, David y sus hombres descubrieron que una banda de amalecitas la había atacado e incendiado y se había llevado a sus familias como botín. En el esfuerzo por recuperar a su familia y a las demás familias que estaban bajo su cuidado, David se mostró implacable. Hizo todo lo que pudo por rescatarlos… y lo logró. También me encanta la historia de cuando Abraham rescató a Lot (Génesis 14:1-16).

Hombres, su sola presencia en el hogar lo vuelve más seguro. Las investigaciones demuestran que una joven que tiene a su padre en casa está mucho más segura durante sus años de noviazgo. Los hijos y las hijas son menos vulnerables a los atractivos de las pandillas, de las drogas y del crimen.

En 1 Pedro 3:7 se nos dice: "Ustedes, maridos, igualmente, convivan de manera comprensiva *con sus mujeres*" (NBLA). A la mayoría de las personas les gusta esto. Puede que una feminista acérrima lo llame "sexismo condescendiente". Sin embargo, la mayoría buscamos un cónyuge comprensivo. Como muchos maridos tienen problemas con este concepto, parecería sensato que la Biblia lo enfatice.

Luego viene una coma seguida de las palabras: "como con un vaso más frágil".

¡Ups! ¿En verdad el texto original de las Escrituras quiso decir "más frágil" allí? Sí. Eso es exactamente lo que significa. En este contexto, ¿el término "más frágil" es sexista? No. En otros contextos, la Biblia usa la misma palabra para referirse a *todos* nosotros. En algún momento u otro, de una u otra manera, somo más frágiles que algo o que alguien. Dios es más fuerte que todos. Los ángeles son más fuertes que los seres humanos. Los padres son más fuertes que los hijos pequeños. Y, en términos generales, los hombres son más fuertes físicamente que las mujeres.

DIFERENCIAS DE DISEÑO

Esta es la realidad. La mujer promedio es físicamente más débil que el hombre promedio. Esta verdad ofende a muchos, pero sigue siendo verdad y las investigaciones lo verifican. Los hombres no solo suelen tener más masa muscular, sino que también tienen un porcentaje más alto de masa muscular, en comparación con el peso corporal. Esta verdad de la naturaleza hace que las mujeres sean físicamente más vulnerables que los hombres. Una mujer que cruza sola un estacionamiento oscuro por la noche casi siempre se siente más vulnerable que un hombre en la misma situación.

Un episodio de 2003 de la serie de televisión *Smallville*, Chloe Sullivan, la amiga de Clark Kent, le explica a Clark por qué Lana Lang decidió tomar clases de karate. Le dice que, como él es un hombre alto, no tiene idea de cuán vulnerable se siente una mujer cuando camina por la noche y escucha pisadas detrás de ella.

Es cierto, Clark tiene superpoderes, pero Chloe creía que era un sujeto normal. En 2003, un personaje de televisión todavía podía decir cosas evidentes. En general, las mujeres son más pequeñas y débiles, menos aptas para el combate que los hombres. Según un estudio de *The Journal of Applied Physiology*, el hombre promedio tiene un 40% más de músculo esquelético que la mujer promedio.[2] Un estudio demostró que las fibras musculares de las mujeres no son tan fuertes como las de los hombres.[3]

¿Alguna vez has notado que (en términos históricos), en los Juegos Olímpicos, casi no figuran deportes mixtos? Los que existen, como las categorías ecuestres, no dependen principalmente de la fuerza ni de la velocidad del atleta. Las mujeres no compiten contra los hombres en el atletismo. Los equipos de básquetbol de mujeres no compiten contra equipos de hombres. El nuevo movimiento transgénero en los deportes solo ha amplificado esta realidad.

Esto no es un accidente ni tampoco es algo malo. Tan solo significa que los hombres y las mujeres tienen un diseño de cuerpo diferente. Esto de ninguna manera hace de menos a la mujer. Génesis 1:26-27 deja claro que Dios creó tanto al hombre como a la mujer a su imagen. En lugar de devaluar a la mujer, las diferencias ilustran los roles maravillosamente complementarios de ambos sexos.

Yo espero que los hombres me ayuden a proteger a mi esposa en la calle, a mi hija en la iglesia y a mis nietos en el lago. ¡Lo más importante es que Dios lo espera también!

PROTEGER AL AMIGO

Julio era el bravucón del patio de la escuela. Nunca olvidaré su cara, su cabello pelirrojo, sus pecas y su lenguaje irrespetuoso. Julio estaba en el quinto año y nos aterrorizaba a los de segundo. Cuando lo veíamos dirigirse hacia nosotros, sabíamos que se burlaría de alguien, lo empujaría o lo golpearía. Todos sufrimos con él.

Varios chicos de segundo año intentamos denunciarlo, pero siempre parecía salirse con la suya en sus crímenes. Nos dijeron: "Aprendan a llevarse bien con él. Julio tienen algunos problemas personales". Todos anhelábamos que llegara el otoño, cuando Julio pasaría a la escuela secundaria. Entretanto, tan solo esperábamos terminar el año con todos los dientes y con el dinero del almuerzo intacto.

Un cálido día de primavera, me subí al autobús... y me quedé paralizado. Julio estaba empujando a una chica de mi clase. Miré alrededor, pero no vi a nadie que me pudiera ayudar. Mi mente daba vueltas. *¿Qué debía hacer? No podía dejar que la lastimara.*

Así que dejé caer mi mochila y empujé con todas mis fuerzas a Julio entre los asientos del autobús. Sabía que, si se levantaba, yo era hombre muerto. Así que no dejé de darle con los puños. Luego, escuché un sonido increíble: el llanto de Julio. Todos nosotros habíamos llorado en sus manos, pero ahora era él el que lloraba. Sentí que dejaba de resistirse y supe que había sido suficiente. Me levanté, con las piernas temblando y sin mucha confianza, y le advertí: "Si la lastimas o te metes con cualquiera de nosotros, terminaré esta pelea".

Julio no volvió a tocarla a ella ni a ninguno de nosotros. Se fue a la secundaria y nosotros mantuvimos nuestros dientes.

PROTEGER AL EXTRAÑO

Tomás aterrizó en Entebbe, Uganda. Él era el líder de un equipo de misiones de corto plazo que tenía el objetivo de capacitar a líderes de iglesias. El pequeño equipo consistía en dos maestros y tres alumnos universitarios. Uganda estaba en período electoral y había disturbios por todo el país.

Una mañana, mientras el equipo se dirigía a reunirse con los estudiantes, vieron a un grupo de hombres que golpeaban a una mujer. Nadie alrededor parecía interesarse por lo que estaba sucediendo. Movidos por un sentido divino del deber, este pequeño grupo de varones intervino para ayudar a la joven. Llegaron a ella justo cuando los asaltantes tomaban piedras y ladrillos para matarla. El equipo de Tomás ahuyentó a los hombres y llevó a la mujer a la seguridad de la estación de policía.

La vida es peligrosa. Necesitamos buenos hombres, hombres de verdad.

UN MENSAJE PARA LAS MUJERES

No te salgas del sistema de niveles de protección que Dios te ha dado. Esto puede incluir a hombres en tu vida que son un regalo de Dios para tu seguridad. La agenda feminista de la actualidad vuelve a las mujeres más vulnerables. Si te casas, cásate con un hombre que tenga el deseo de proteger a otros. Cásate con un hombre que te proteja a ti y a tus hijos. Si estás soltera, ten cuidado y considera a los varones de tu familia y de entre tus amigos como protectores en potencia. Vivimos en un mundo de maldad. Someterse a la protección de hombres piadosos no es vergonzoso; es sabio.

Míralo de esta manera: ¿Por qué descartar un nivel importante de protección de tu vida y de tu futuro?

Si tienes hijos, críalos para ser protectores. Ayúdales a entender que es su honor, privilegio y obligación usar su fuerza para bien y no para mal. No críes a un bravucón. Cría a un protector.

Y honra a este tipo de hombres.

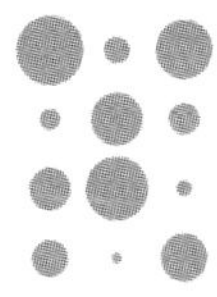

15

LOS CUATRO COMPONENTES DE LA PROTECCIÓN

La protección tiene cuatro componentes: el espiritual, el físico, el emocional y el mental. Los cuatro se entremezclan. Evidentemente, una agresión atenta físicamente contra la víctima. Sin embargo, también afecta a la persona en lo mental, en lo emocional y en lo espiritual. Aunque las heridas físicas suelen sanar, los aspectos mentales, emocionales y espirituales de la agresión no se desvanecen con tanta facilidad. Muchas veces, incluso regresan para afectar la salud de la víctima.

LA PROTECCIÓN ESPIRITUAL

Los hombres de verdad protegen a otros en lo espiritual. Cuando Satanás se apareció en el huerto en Génesis 3, su intención era destruir la relación del hombre con Dios. Así que se acercó a Eva, le mintió y la engañó. La Biblia dice que Dios había puesto a Adán para protegerla, pero su pasividad condujo a la caída y a la destrucción de este mundo. Si tan solo Adán hubiera ejercido como protector espiritual en ese momento…

Satanás, el mundo y la carne nos atacan de forma continua. Dios te creó para proteger. Los hombres espiritualmente pasivos abren la puerta para que su hogar y sus seres queridos salgan lastimados y destruidos por el pecado. En la iglesia local, encontré por primera vez hombres que no era pasivos desde un punto de vista espiritual.

Después que confié en Cristo como mi Salvador, los pastores, el personal y los demás hombres de la iglesia ejemplificaron lo que significa una vida piadosa. Me advirtieron sobre las mentiras del diablo. Me compartieron el uso de la fe y de las Escrituras en las batallas espirituales contra la tentación. Me enseñaron a usar la Biblia para defenderme de las artimañas del maligno. Estos fueron los hombres que compartieron conmigo sus victorias y derrotas. Al igual que un recluta en el ejército, yo necesitaba un sargento que me dirigiera.

Puede que estés leyendo esto ahora y que te sientas completamente fuera de lugar. Tal vez no te sientes capacitado para brindar protección espiritual a nadie, mucho menos a tus hijos, familiares y a otros. La respuesta es sencilla: comienza a prepararte hoy. Comprométete hoy con una iglesia sana. Estudia la Biblia todos los días. Dios te quiere preparado para la batalla. Ponte en forma para que puedas pelear la buena batalla de la fe (1 Timoteo 6:12). Protege a otros y protege sus almas.

PROTECCIÓN EMOCIONAL Y MENTAL

Prepárate para interceder en beneficio de otros. Cuando nuestra hija era pequeña, yo le decía que llegaría el día en que algún chico iba a querer invitarla a salir. Le preguntaba: "¿Qué le dirás a ese chico?". Ella me respondía: "Tendrás que preguntarle a mi papá".

Comencé cuando ella era pequeña y le expliqué por qué era esto tan importante: "Algunos chicos tendrán motivaciones equivocadas y yo me ocuparé de contestarles. Tú no tendrás que decirles que no saldrás con ellos. Solo tendrás que decirles: 'Habla con mi papá'".

Cuando tenía seis años, la gente se reía de nosotros, pero, cuando tenía quince, la gente ya no se reía. Ella me decía: "Papá, este chico te va a llamar por teléfono. Dile que no".

Yo le estaba enseñando a mi hija la trascendencia de las relaciones de noviazgo. También le estaba enseñando que, como su padre, yo la protegería en lo emocional tanto como pudiera. Los jóvenes tienen emociones durante la época del noviazgo, ¿cierto? Emociones fuertes. Yo no puedo vivir la vida por ella, pero sí puedo ofrecer protección considerable con esta sencilla regla: "Pregúntale a mi papá".

PROTECCIÓN

El movimiento feminista extrabíblico ha puesto a las mujeres y a los niños en una situación vulnerable. Además, ha propagado la pasividad de los hombres. Digo esto en tono irónico, pero sirve para ilustrar lo que quiero decir: Un hombre escucha un golpe en la noche, se da la vuelta en el colchón y le dice a su esposa: "Mujer Maravilla, es tu turno. Ve y revisa qué sucede. No olvides la escopeta. Me avisas qué encuentras".

A Jera y a mí nos encanta caminar por las montañas. Solemos adentrarnos en lo profundo del bosque, en lugares donde no hay señal de celular para llamar al teléfono de emergencia. Incluso si pudiéramos establecer contacto, la ayuda necesitaría una hora o más en llegar.

Hoy, en cualquier zona alejada puede haber narcotraficantes (o hasta cosas peores) al acecho. Jera sabe que, en cualquier situación de peligro, yo doy un paso al frente y ella retrocede a una posición segura. Tenemos ensayadas toda una serie de pasos. Podrías pensar que este tipo de preparación es una locura, pero no lo es. Tengo amigos que han muerto en las montañas donde Jera y yo caminamos. Estar preparados no es algo loco; es proteger a mi esposa.

Si eres soltera y estás leyendo esto, no te cases con un hombre pasivo. Dios diseñó que los hombres fuéramos protectores porque vivimos en un mundo de maldad. No es un insulto que te protejan. Dios mismo nos protege todos los días. Él ha dispuesto a los gobiernos para proteger a las naciones del mal. Él ha creado a los hombres con los instintos y la fuerza para proteger a su familia de la maldad. Y Él llama a los padres a proteger a los hijos también. Los hombres de verdad son parte del plan de Dios para la protección de la humanidad.

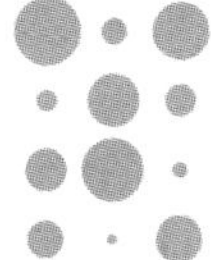

16

CÓMO RESPONDER A LA INJUSTICIA

En Mateo 26, encontramos a Jesús en Betania, un poblado en el monte de los Olivos, a las afueras de Jerusalén. Lázaro vivió allí y este fue el lugar donde Jesús lo levantó de entre los muertos. Jesús sabía que su peregrinaje sobre la tierra pronto terminaría. También sabía lo que esto significaba: que moriría una muerte terrible por los pecados del mundo. Él y sus amigos visitaron el hogar de un hombre llamado Simón el leproso.

Mateo 26:6-7 afirma: "Y estando Jesús en Betania, en casa de Simón el leproso, vino a él una mujer, con un vaso de alabastro de perfume de gran precio, y lo derramó sobre la cabeza de él, estando sentado a la mesa".

El Evangelio de Juan identifica a esta mujer como María, una de las hermanas de Lázaro. Ella expresó su agradecimiento al Señor por su misericordia hacia ella y hacia su familia al derramar perfume sobre su cabeza. Al ver esto, los discípulos se indignaron: "¿Para qué este desperdicio?" (v. 8).

El Evangelio de Juan dice que Judas Iscariote fue quien despertó los ánimos de los demás discípulos. Judas dijo: "¿Por qué no fue este perfume vendido por trescientos denarios, y dado a los pobres?" (Juan 12:5). Sin embargo, él tenía una intención oculta. El versículo 6 nos la explica: "Pero dijo esto, no porque se cuidara de los pobres, sino porque era ladrón, y teniendo la bolsa, sustraía de lo que se echaba en ella".

A pesar de las malas intenciones de Judas, su razonamiento parecía sensato. Los discípulos se unieron a él y probablemente esperaron que Jesús aprobara su justa indignación. Después de todo, sabían cuánto amaba Jesús a los pobres.

Judas estimó que el valor del perfume era de unos trescientos denarios. Esto equivalía al sueldo de un año para un trabajador promedio en aquella época y lugar. Judas vio esto como una pérdida potencial para su propia cartera. Para los demás, la mujer que derramó tan precioso perfume en un arrebato de afecto y de honor parecía haber estado echando montones de billetes en una trituradora de papel.

EXPRESA UN AMOR EXTRAORDINARIO

Imagina esta escena desde el punto de vista de la mujer. ¿Qué crees que sintió ella? Las expresiones públicas de amor siempre corren el riesgo de hacernos ver ridículos. El derramamiento de este aceite exquisito expresaba su amor por el Señor, pero las acusaciones contra ella pudieron haber hecho que creyera que no había considerado a los pobres. Su intención había sido honrar a Jesús de la mejor manera posible. Cuando el coro de voces masculinas se levantó contra ella, de seguro se sintió imprudente y despilfarradora. Quizás su vergüenza la abrumó. Tal vez comenzó a llorar.

Jesús no se quedó pasivo ni permitió que esto sucediera. Algunos podrían decir: "Ella tenía voz propia. No necesitaba que un hombre la defendiera. Que se defienda por sí misma". Sin embargo, Jesús la defendió. Por ella, Él se opuso a todos. Les dijo: "¿Por qué molestáis a esta mujer?" (Mateo 26:10). ¿Puedes oír el tono de su voz? "¿Por qué molestan a María?".

Estas son personas reales. Esto sucedió en verdad. María hizo algo profundamente bello, mucho más de lo que podía entender. Y los discípulos la hicieron sentir tonta y banal.

Jesús dijo:

> ¿Por qué molestáis a esta mujer? pues ha hecho conmigo una buena obra. Porque siempre tendréis pobres con vosotros, pero a mí no siempre me tendréis. Porque al derramar este perfume sobre mi

> cuerpo, lo ha hecho a fin de prepararme para la sepultura. De cierto os digo que dondequiera que se predique este evangelio, en todo el mundo, también se contará lo que esta ha hecho, para memoria de ella (Mateo 26:10-13).

Jesús pronto entregaría su propia vida. Por las venas de su cuerpo fluía la sangre del nuevo pacto (Mateo 26:28), la sangre que compraría la salvación (Hechos 20:28) de todo el que creyera en Él (Juan 3:18). Este momento fue más trascendental de lo que podamos imaginar, la eternidad multiplicada por los millones que recibirían la salvación que su sacrificio hizo posible. Su muerte, el punto de inflexión de la historia, estaba a unos cuantos días. Él explicó que ella estaba preparando su cuerpo para la sepultura.

Jesús dijo que en todo el mundo se recordaría la acción de María, dondequiera que se predicara el evangelio. Aquí estoy yo, en Minnesota, unos dos mil años más tarde. Prácticamente, es lo más alejado que puedes estar de Betania, Israel. Y recuerdo a esta mujer con afecto y admiración por lo que Jesús hizo y dijo aquel día. Jesús, el hombre perfecto, el hombre de verdad, protegió en ese día a María en lo espiritual, en lo emocional y en lo mental.

HAZ JUSTICIA

Jesús defendió en otras ocasiones también a las minorías y a los maltratados. Debemos seguir su ejemplo. Supón que ves a una persona más débil que está siendo lastimada o que está en riesgo de serlo. Si tienes la fuerza para intervenir, hazlo. Si se trata de una mujer, no es condescendiente intervenir en beneficio de ella. Todo lo contrario, es una muestra de honra. Además, estarás honrando a Jesús, sin importar la respuesta de ella.

Proverbios 31:9 da instrucciones de una madre a un hijo que se convertiría algún día en rey. Ella dijo: "Abre tu boca, juzga con justicia, y defiende la causa del pobre y del menesteroso". ¿Cómo responde el hombre piadoso a la injusticia? Juzga con justicia e interviene con sabiduría. La verdad es importante para él. La justicia importa.

Los pobres son una constante en la historia de la humanidad. En la antigüedad, las naciones no tenían redes de seguridad social. En la Biblia, encontramos los ejemplos más antiguos de leyes que incluyen derechos y provisiones para los pobres. Hoy, en Estados Unidos, los ciudadanos proveemos muchos beneficios para los necesitados, pero los pobres siguen necesitando defensores. Muchas veces, los demás los usan a ellos y sus necesidades para fines políticos. Tristemente, muchos de los programas actuales perpetúan la pobreza que se supone deben eliminar.

Miqueas 6:8 dice: "Oh hombre, él te ha declarado lo que es bueno, y qué pide Jehová de ti: solamente hacer justicia, y amar misericordia, y humillarte ante tu Dios". El pasaje no dice *hablar* justicia, sino *hacer* justicia. Esto significa hacer lo correcto. Significa cuidar de los necesitados y de los quebrantados entre los que están bajo tu influencia y aún más allá.

La motivación debe ser clara: el amor. En Juan 13:34, Jesús dijo: "Un mandamiento nuevo os doy: Que os améis unos a otros; como yo os he amado, que también os améis unos a otros". Más tarde, esa misma noche, Jesús dijo: "Nadie tiene mayor amor que este, que uno ponga su vida por sus amigos" (Juan 15:13). En 1 Juan 3:16 se nos dice que Jesús "puso su vida por nosotros; también nosotros debemos poner nuestras vidas por los hermanos".

Aunque te cueste la vida, debes proteger a otros. Pelea contra el coyote. Si es necesario, hazlo hasta con las manos. No es posible mostrar un amor mayor que este. Jesús murió por nosotros en la cruz y se convirtió en el ejemplo supremo de esta verdad. Sin embargo, este amor también puede verse en el campo de batalla, en el salón de clases, en la oficina, en el hogar y en toda clase de lugares a lo largo de la historia. Recuerda el heroísmo de Juan (véase la página 120). Sobre todo, pon tu vista en Jesús. Considera su sacrificio, su cuidado y su protección. Ahora míralo a la inversa e identificarás el tipo de hombre que debes ser. Los hombres de verdad protegen a otros.

PREGUNTAS DE ESTUDIO

1. ¿Por qué necesitamos protección? ¿Cuán seguro es el mundo real?

2. ¿Qué capas o niveles de protección ha creado Dios para cada uno de nosotros? ¿Qué sucede cuando negamos, eliminamos o alteramos estas capas?

3. ¿A quién ha puesto Dios como nivel de protección a tu alrededor? ¿A quién te ha llamado Dios a proteger?

4. ¿Qué capas de seguridad necesitas colocar para ti y para tu familia? ¿Las has considerado? ¿Has establecido planes de emergencia?

5. ¿Están más seguras las personas en tu presencia? ¿Por qué sí o por qué no?

PART 7:

LOS HOMBRES DE VERDAD TRABAJAN CON DILIGENCIA

Dios trabaja y Él ha hecho del trabajo una parte fundamental del ser humano. El pecado le trajo una maldición e hizo que el trabajo resultara difícil y, a menudo, frustrante. Sin embargo, sigue siendo crucial para nuestro bienestar psicológico, físico y espiritual. La Palabra de Dios nos exhorta a realizar nuestro trabajo de una manera digna de nuestro Salvador. Los hombres de verdad trabajan con diligencia para suplir las necesidades de su familia, para hacer avanzar el evangelio y la iglesia, para suplir las necesidades urgentes de otros y para manifestar a Jesús ante la comunidad.

Pero os rogamos, hermanos, que abundéis en ello más y más; y que procuréis tener tranquilidad, y ocuparos en vuestros negocios, y trabajar con vuestras manos de la manera que os hemos mandado, a fin de que os conduzcáis honradamente para con los de afuera, y no tengáis necesidad de nada.

1 TESALONICENSES 4:10-12

La mano negligente empobrece;
Mas la mano de los diligentes enriquece.

PROVERBIOS 10:4

El esfuerzo supera al talento si el talento no se esfuerza.[1]

TIM NOTKE,

ENTRENADOR DE BÁSQUETBOL

Un sueño no se convierte en realidad por arte de magia; requiere sudor, determinación y esfuerzo.[2]

COLIN POWELL,

EX SECRETARIO DE DEFENSA DE LOS ESTADOS UNIDOS

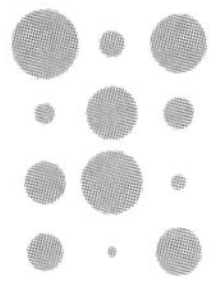

17

DELANTE DE LOS REYES

Hace varios años, un hombre llamado Tomás llegó al servicio de la iglesia con su esposa y sus hijos. Dios estaba trabajando en su vida. Él conocía poco sobre Jesús o sobre la Biblia. Había crecido en una familia desestructurada y podía ver el daño que estaba causando en su familia su formación pasada (o falta de formación).

Jera y yo conocimos a Tomás y a su esposa después del servicio. Les compartimos el evangelio y les dijimos que, como Jesucristo vino al mundo y murió por nuestros pecados, podemos ser nuevas criaturas en Él. Ellos confiaron en Cristo y Dios hizo una gran obra en sus vidas.

¿QUÉ QUIERE JESÚS QUE HAGA?

Tomás había fundado y elaborado un negocio muy exitoso. Finalmente, se lo vendió a una compañía más grande dentro de la industria. Con la venta, Tomás firmó un contrato laboral con esta empresa durante un año. El trato era que le darían un pago inicial y el resto del dinero a lo largo del año.

Un miércoles por la mañana, Tomás llegó a mi oficina, a punto de explotar. Él es un hombre gigantesco y uno no quisiera meterse en una pelea con él. Con ira en su voz, exclamó: "No puedo creerlo. El hombre al que le vendí mi negocio me está estafando, Mark". Dio un golpe sobre la mesa y agregó: "Donde yo crecí, cuando alguien te estafa, tú le arrancas la cabeza".

Me parecía que estaba preparado para hacerlo. Estaba furioso. Sin embargo, hizo la pregunta correcta: "¿Qué quiere Jesús que haga?". Con esta gran pregunta, comencé a mostrarle algunos pasajes pertinentes de las Escrituras. Nuestra conversación se convirtió en un estudio bíblico. El trabajo es importante para Dios, y su Palabra tiene muchas cosas que decir respecto a cómo seguir a Jesús en el entorno laboral.

Durante el transcurso de su vida, el estadounidense promedio pasa más de 90.000 horas trabajando. Este número no incluye quehaceres domésticos, ministerios en la iglesia ni servicios caritativos. No incluye preparar comidas, lavar los platos, lavar la ropa, aspirar alfombras, mudarse, ayudar en las mudanzas de tus amigos ni ninguna de los cientos de otras acciones que hacemos de forma regular sin compensación monetaria. Las 90.000 horas solo incluyen el tiempo dedicado al empleo. En total, el trabajo resulta ser una parte importante de la vida.

El nuevo jefe de Tomás se portaba de forma irracional, injusta y hasta corrupta. Le dije a Tomás que Jesús nos mandó orar por nuestros enemigos. Miramos juntos varios pasajes de las Escrituras. Nos reunimos a la semana siguiente. Él me pidió si podía traer a algunos amigos la siguiente vez. Pronto, la habitación estaba llena de varones.

Todos accedimos a juntarnos de forma regular. Comenzamos a orar todas las semanas por el jefe de Tomás. Oramos los unos por los otros. Los miembros del grupo trabajaban en diferentes empleos. Con el tiempo, todos ellos encontraron nuevas maneras para someter su vida laboral a Dios y comprometerse a trabajar a la manera de Dios. Dios hizo cosas increíbles a través del quebranto y de la humildad de Tomás.

EL SECRETO DEL ÉXITO NO ES UN SECRETO

Jesús quiere transformar toda nuestra vida de forma radical, incluyendo nuestra vida laboral. Todos tendemos a ser perezosos en un aspecto u otro. Por eso, Dios nos ha dado docenas y docenas de versículos sobre el trabajo y la diligencia. Proverbios 10:4 dice: "La mano negligente empobrece; mas la mano de los diligentes enriquece".

El secreto del éxito no es un secreto. Es este: ¡Sé diligente! Los perezosos y los indisciplinados no salen adelante. Vivimos en una generación que piensa que todos le deben algo. Esta actitud condena a millones a la pobreza. ¿Quieres ser exitoso? No esperes a que alguien te "descubra" y te dé el éxito. Busca oportunidades de trabajo. El trabajo produce riqueza y da honra.

Proverbios 22:29 pregunta: "¿Has visto hombre solícito en su trabajo? Delante de los reyes estará".

Afina tus habilidades. No te conformes con algo "pasable". Apunta alto. Yergue la espalda. Si lo haces, entonces, como José, serás imparable. Todos enfrentamos adversidades. Las circunstancias intentarán derribarte. Sin embargo, sigue con diligencia y perfecciona tus habilidades. Al igual que José, pronto subirás por la cadena alimenticia de la influencia y de la productividad. El mundo tiene una tremenda necesidad de hombres así.

Ron, nuestro hijo menor, tras terminar el instituto bíblico y regresar a casa de un viaje ministerial de seis meses en África, fue contratado en una empresa petrolera importante en Grand Junction, Colorado. Allí, ascendió los peldaños de la responsabilidad al aplicar Proverbios 10:4: "La mano negligente empobrece; mas la mano de los diligentes enriquece".

Yo solía pasar tiempo con Jim, el jefe de Ron, de cacería en las montañas. Después de unos seis meses en el trabajo, Jim me dijo que Ron era el miembro del equipo en quien más confiaba. ¡Nada mal para un chico de 21 años! Unos meses más tarde, el dueño de la empresa me llamó: "Mark, soy Allen… me gustaría que tuvieras más hijos que pudiera contratar. Ron es excepcional". Aunque aprecié el cumplido, el crédito no me pertenecía. Le pertenecía a Ron. Él había aplicado el principio de la diligencia.

Recuerda la regla de las 10.000 horas de Malcolm Gladwell. Esfuérzate. Sé diligente. Sé incansable.

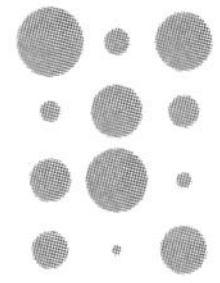

18

DIOS Y EL TRABAJO

Cuando Adán y Eva pecaron, cayó una maldición sobre la humanidad. Los teólogos lo llaman "la caída". Algunos creen que el trabajo es parte de la maldición, pero no lo es. Incluso antes de la caída, Dios encargó a los seres humanos trabajar. En Génesis 1:28, les dijo:

- fructificad,
- multiplicaos,
- llenad la tierra,
- sojuzgadla y
- señoread en los peces del mar, en las aves de los cielos, y en todas las bestias que se mueven sobre la tierra.

Génesis 2:15 nos dice: "Tomó, pues, Jehová Dios al hombre, y lo puso en el huerto de Edén, para que lo labrara y lo guardase". Esto implica trabajo.

Varios de los primeros mandamientos de Dios tenían que ver con la mayordomía de la tierra: una responsabilidad de la que Dios nos sigue pidiendo cuentas. "Fructificad y multiplicaos" puede sonar más a diversión que a trabajo, pero implicaba más que relaciones sexuales. También implicaba criar hijos. Esto también puede ser divertido, pero hacerlo bien requiere estrategia y diligencia. Fructificar se volvió algo doloroso para ellos (en especial para Eva) por causa de la caída. No obstante, el trabajo precedió al pecado de Adán y Eva.

El trabajo no es una maldición; es un privilegio. Edén era un lugar de trabajo y también lo será el cielo.

Sin embargo, la maldición sí alteró la naturaleza del trabajo. Génesis 3:17-19 nos dice lo que sucedió:

> Y al hombre dijo [Dios]: Por cuanto obedeciste a la voz de tu mujer, y comiste del árbol de que te mandé diciendo: No comerás de él; maldita será la tierra por tu causa; con dolor comerás de ella todos los días de tu vida. Espinos y cardos te producirá, y comerás plantas del campo. Con el sudor de tu rostro comerás el pan.

Cultivar el huerto del Edén era pan comido comparado con cultivar cosechas en un mundo infestado por el pecado. Después de la maldición, comenzaron a salir cardos. El suelo dejó de ser tan fácil de labrar. El trabajo se volvió mucho más difícil. El fracaso se convirtió en el nuevo compañero de la humanidad.

No obstante, cuando tenemos la actitud correcta (por ejemplo, cuando convertimos el trabajo en un acto de adoración), encontramos remanentes asombrosos de ese antiguo gozo y satisfacción. La experiencia del trabajo puede ser una bendición. Puede llevarnos de lo rutinario a lo sublime y, en él, podemos cumplir nuestro propósito en nuestra generación.

EL TRABAJO COMO ACTO DE ADORACIÓN

Colosenses 3:22-24 afirma:

> Siervos, obedeced en todo a vuestros amos terrenales, no sirviendo al ojo, como los que quieren agradar a los hombres, sino con corazón sincero, temiendo a Dios. Y todo lo que hagáis, hacedlo de corazón, como para el Señor y no para los hombres; sabiendo que del Señor recibiréis la recompensa de la herencia, porque a Cristo el Señor servís.

Debemos prestar especial atención a cuatro términos clave en este pasaje: "obedeced", "sincero", "de corazón" y "servís". En la época del Nuevo Testamento, no existía la clase media como la conocemos nosotros. La mayoría de los romanos eran o ricos o pobres. Los siervos (o esclavos) eran los más pobres de los pobres y constituían aproximadamente el 30% de la población.[1] La esclavitud era parte normal de la vida; los esclavos eran la clase trabajadora. Según una serie de la PBS sobre el Imperio romano, "Todos los esclavos y sus familias eran propiedad de sus dueños, que podían venderlos o alquilarlos en cualquier momento. Llevaban una vida ruda. Los esclavos solían recibir latigazos, marcas con hierro y maltratos crueles. Sus dueños también podían matarlos por cualquier razón y no sufrían ningún castigo".[2]

En Jesús, estas distinciones de clase desaparecieron. Durante esa época, el esclavo de un hombre también podía ser anciano en su iglesia. Venían a Jesús personas de toda tribu, lengua y nación, como también de todo estatus económico. El siguiente capítulo de Colosenses comienza con estas palabras: "Amos, haced lo que es justo y recto con vuestros siervos, sabiendo que también vosotros tenéis un Amo en los cielos" (Colosenses 4:1).

Colosenses 3:22 dice a los siervos: "obedeced". Esta es una palabra fuerte, pero aceptémoslo: trabajar implica obediencia. El mismo versículo advierte de no servir "al ojo, como los que quieren agradar a los hombres". En cambio, nos exhorta a trabajar "con corazón sincero" porque sabemos que, en última instancia, respondemos ante Dios.

Luego, Pablo dice algo que puede convertir a un perdedor en un ganador, un fracaso en un éxito: "Y todo lo que hagáis, hacedlo de corazón, como para el Señor y no para los hombres; sabiendo que del Señor recibiréis la recompensa de la herencia, porque a Cristo el Señor servís".

Desde los presidentes corporativos hasta los supervisores de turno, todo jefe está buscando personas así. Si este pasaje describe tu perspectiva del trabajo, entonces todo el mundo te está buscando. Y no solo te necesitan. Están desesperados por ti, desesperados por alguien que pueda trabajar con corazón sincero y que considere su trabajo un servicio a Dios.

Si tu trabajo es un servicio a Dios, entonces, claramente, es importante para Él. Tú representas a Jesús. Tu trabajo lo refleja. No debes trabajar con indiferencia, sino de corazón. No debes hacer solo lo necesario. En cambio, debes ir más allá del llamado usual del deber. Tu trabajo no solo representa para ti un sueldo mensual, sino también una oportunidad para servir al Señor y reflejar su belleza al mundo.

El término "de corazón" viene de la palabra griega *psujé*, que se refiere al alma. Literalmente significa "lo que respira". Trabajar "de corazón" significa hacerlo desde lo más profundo de tu ser. Hacerlo "como para el Señor y no para los hombres [...] porque a Cristo el Señor servís".

Si te dedicas a vender hamburguesas, hazlo en servicio al Dios vivo. Esa actitud no solo conduce al éxito; ¡es el éxito! Con esta perspectiva, el trabajo que alguna vez consideraste rutinario adquiere un valor trascendente.

Trabajar "de corazón, como para el Señor" toma un trabajo aburrido u ordinario y lo eleva a los niveles más sublimes de la existencia humana. De pronto, se convierte en el trabajo de Dios y su valor es infinito. "La recompensa de la herencia" no se termina con tu horario, y tu sueldo se convierte en un anticipo de una recompensa que nunca terminará.

Colosenses 3:24 dice: "a Cristo el Señor servís". No pienses en ti mismo solo como el siervo de un ser humano. No eres solo un empleado en un negocio. ¡Sirves a Jesús!

Dios trabaja de forma sobrenatural en la vida de su pueblo. Tú vives en esta generación, en este momento y en este lugar con un propósito celestial. Tu vida no es un accidente. Todo lo que has vivido (tu educación, tus experiencias laborales y tus vivencias) te ha preparado para ser embajador de Dios en dondequiera que te haya colocado.

En este contexto, tu trabajo aparentemente rutinario se convierte en un lugar de adoración. El trabajo mismo se vuelve un instrumento de esa adoración. Si miras atrás, verás muchos errores. Has pecado y hecho cosas equivocadas. Hay cosas que debiste haber hecho y no hiciste. Todos tenemos un sinfín de remordimientos. Sin embargo, aún aquí, Jesús es el Redentor. Él redime tu vida... toda ella.

Puede que estés retirado, pero no estás acabado porque Dios no ha terminado contigo. Tu trabajo sigue importando. Puede que estés confinado a una cama, pero sigues siendo testigo suyo en tu actitud, en tus acciones y en tus oraciones por los que están a tu alrededor.

Las horas que pasamos trabajando forman una gran parte de nuestra vida. No son un desperdicio. Dios no las ve con indiferencia, así que tampoco lo hagas tú. ¡Haz de tu trabajo un acto de adoración!

EL TRABAJO ES UNA OPORTUNIDAD MINISTERIAL

El grupo de estudio bíblico de Tomás seguía creciendo. El grupo se reunía cada semana y revisábamos versículos bíblicos sobre el trabajo. Orábamos juntos: "Dios, danos valentía. Ayúdanos a ser mejores en el trabajo. Oramos por nuestros líderes, por nuestros jefes y por aquellos cuyo trabajo dirigimos. Ayúdanos a ser hombres de fe y embajadores de Jesús".

Un miércoles, antes de que comenzara la reunión, sonó mi teléfono. La persona me preguntó:

—¿Es usted el pastor de Tomás?

—Sí.

—Me llamo Miguel. Soy su jefe.

Yo pensé: Malas noticias, y respondí:

—¿Cómo puedo ayudarle?

El jefe de Tomás me dijo:

—Mire, no sé qué le está enseñando, pero es una persona diferente. Solía odiarme. Yo creo que Dios está haciendo algo en él. ¿Puedo ir al estudio bíblico hoy?

—Miguel, nos encantaría recibirle —le dije.

Hablamos un poco más y luego me dijo:

—Mark, tengo otro favor que pedirle. ¿Puedo llegar antes para que me ponga al corriente?

—Claro, nos encantaría que viniera. ¿Está bien si llega media hora antes?

—Yo estaba pensando en llegar una hora antes.

Debiste haber visto a los demás cuando llegaron al estudio bíblico y vieron a Miguel ya sentado allí, con su Biblia abierta. El día en que Miguel confió en Cristo como su Salvador fue increíble.

El trabajo de Tomás importaba para Dios y él influenció a todo un grupo de personas. Se convirtió en el embajador de Cristo para el hombre que pensaba que lo estaba defraudando. El trabajo puede ser un lugar de bendición, incluso si tienes un jefe injusto. Debemos orar junto con el salmista: "Sea la luz de Jehová nuestro Dios sobre nosotros, y la obra de nuestras manos confirma sobre nosotros; sí, la obra de nuestras manos confirma (Salmos 90:17).

EL TRABAJO ES BUENO

Puede que Maynard G. Krebs haya sido el *beatnik* más famoso de finales de la década de 1950 y principios de la década de 1960. Era el secuaz del personaje ficticio Dobie Gillis. Todas las semanas, la audiencia de televisión nacional se reía a carcajadas cuando Maynard, al escuchar la palabra *trabajo*, la repetía en una vocecilla aguda y aterrada. Estados Unidos se reía de un personaje imaginario para quien el trabajo era anatema.

Sin embargo, en la vida real, un personaje como Maynard tendría o bien que cambiar su actitud hacia el trabajo o terminar indigente o dependiente de la beneficencia social. De cualquier manera, terminaría trabajando. No consideramos el mucho esfuerzo que implica sobrevivir como indigente. Hacerse camino a través de los programas públicos y privados de caridad requiere esfuerzo, consideración, estrategia y trabajo. Nadie se libra de trabajar. Trabaja ahora o trabajarás después. Si trabajas ahora, crecerás hacia la prosperidad. Si trabajas después, lo harás solo para sobrevivir.

El trabajo es algo bueno… a menos que intentes evitarlo. Acéptalo y te recompensará de mil maneras diferentes. Huye de él y te dará caza con las armas de la pobreza y de la desgracia.

Incluso en el cielo, trabajaremos. Trabajaremos con gozo y para el jefe perfecto. No obstante, trabajaremos. Y, tal como lo vimos, esta clase de significado y de belleza en el trabajo puede comenzar aquí en la tierra.

EL TRABAJO ES DURO

El trabajo es duro por culpa de la caída. En Génesis 3:17-19, leemos que la humanidad debe alimentarse con el sudor de su frente. La maldición eliminó la vida fácil. Ahora es duro cultivar cosechas, hacer crecer un negocio, hacer crecer tus activos, hacer crecer una cartera de clientes. Nadie se salva. Todos nos cansamos y debemos superar la fatiga. La caída volvió más difícil el trabajo, pero este sigue siendo bueno.

En Estados Unidos vivimos en la generación más próspera de la historia. Hemos mitigado una gran parte de la dura realidad de la lucha por la supervivencia. Esto ocurrió porque nuestro país es una república constitucional con un sistema de libre mercado que defiende la ley. Estos sistemas tienen una gran influencia de principios bíblicos. El segundo elemento es la ética de trabajo protestante: esfuérzate hasta el final. Las generaciones anteriores considerarían sorprendentes los niveles actuales de prosperidad.

¿Alguna vez te ha pasado que la comida en tu refrigerador se llena de moho y tienes que tirarla? En gran parte del mundo, esto no sucede. Un estudio de 2010 del Departamento de Agricultura de Estados Unidos demostró que en Estados Unidos se desperdician unos 60 millones de toneladas de comida al año, lo que representa unos 161 millones de dólares de alimento.[3] ¿Dónde termina este alimento y dinero? En los vertederos sanitarios. Según la FDA, "Los desperdicios de alimento son la categoría de material que más abunda en los vertederos sanitarios municipales".[4]

Hemos vivido en una tierra de abundancia durante una época de abundancia, una tierra y una época hechas posibles por la gracia de Dios. No obstante, como nación, no lo agradecemos. Transformamos el Día de Acción de Gracias de una festividad especial para dar gracias a Dios a una festividad donde nos agradecemos unos a otros. Deberíamos humillarnos delante de Dios y agradecerle por su bondad. El trabajo es difícil, pero el esfuerzo vale la pena.

EL TRABAJO ES ESPIRITUAL

Si crees en la premisa de que el trabajo es un acto de adoración, quizás digas: "Bueno, claro que es espiritual". Sin embargo, aunque podemos usar un teclado para adorar, el teclado es algo material, no espiritual. El trabajo no es como el teclado. Aunque se realiza en el mundo material, el trabajo incluye un poderoso componente espiritual.

La iglesia en Tesalónica incluía miembros perezosos e indisciplinados. Pablo los exhortó a recordar su propio comportamiento y a tomarlo como ejemplo:

> Vosotros mismos sabéis de qué manera debéis imitarnos; pues nosotros no anduvimos desordenadamente entre vosotros, ni comimos de balde el pan de nadie, sino que trabajamos con afán y fatiga día y noche, para no ser gravosos a ninguno de vosotros; no porque no tuviésemos derecho, sino por daros nosotros mismos un ejemplo para que nos imitaseis. Porque también cuando estábamos con vosotros, os ordenábamos esto: Si alguno no quiere trabajar, tampoco coma. Porque oímos que algunos de entre vosotros andan desordenadamente, no trabajando en nada, sino entremetiéndose en lo ajeno. A los tales mandamos y exhortamos por nuestro Señor Jesucristo, que trabajando sosegadamente, coman su propio pan (2 Tesalonicenses 3:7-12).

Comer tu propio pan no significa que, si vas a comer a casa de alguien más, debas llevar tu pan horneado en casa. Se refiere a vivir del fruto de tu propio trabajo en vez de depender de otros para tu sostenimiento. Tampoco significa que no debas aceptar ayuda. Si te enfermas de gravedad y los hermanos de la iglesia se presentan a tu casa con alimentos, agradéceles y come de buen gusto.

Estos versículos hablan sobre la pereza y la falta de disciplina. Estos problemas no son solo económicos, sino también espirituales. Si tienes luchas en estas áreas, Dios puede ayudarte. Si ya eres un individuo trabajador y disciplinado, Dios puede ayudarte a mantener o a crear un balance adecuado entre tu vida en el hogar y en el trabajo.

EL TRABAJO ES PROVISIÓN

Efesios 4:28 dice: "El que hurtaba, no hurte más, sino trabaje, haciendo con sus manos lo que es bueno, para que tenga qué compartir con el que padece necesidad". "Haciendo con sus manos lo que es bueno" nos recuerda que el trabajo es bueno y no malo. "Para que tenga qué compartir con el que padece necesidad" nos demuestra que el trabajo puede ayudar a convertir a un mal ciudadano en uno bueno.

Hasta que regrese Jesús, habrá personas en necesidad. Jesús lo dijo Mateo 26:11: "siempre tendréis pobres con vosotros". Esta es una triste realidad, pero también es una oportunidad continua para compartir con otros.

Nunca estaremos plenos ni sanos si solo trabajamos para suplir nuestras propias necesidades y las de nuestra familia. Los creyentes trabajamos como para el Señor. Proveemos nuestro propio pan y luego compartimos ese pan con otros. Observa la secuencia de instrucciones que se dan en Efesios 4:28: deja de robar y comienza a trabajar y a dar. El trabajo crea un puente entre el egocentrismo y el cuidado por otros.

EL EJEMPLO DE TRABAJO

Dios mismo es nuestro ejemplo de trabajo. Él trabajó durante seis días y descansó el séptimo. Éxodo 32:16 nos habla de las tablas originales de los Diez Mandamientos y dice: "Y las tablas eran obra de Dios, y la escritura era escritura de Dios grabada sobre las tablas".

Deuteronomio 32:4 habla de Dios, "cuya obra es perfecta". En Salmos 111:2-3 leemos: "Grandes son las obras de Jehová, buscadas de todos los que las quieren. Gloria y hermosura es su obra". Los versículos 6-8 dicen, en parte: "El poder de sus obras manifestó a su pueblo [...]. Las obras de sus manos son verdad y juicio [...]. Afirmados eternamente y para siempre, hechos en verdad y en rectitud".

Nosotros también representamos la obra de Dios. Él nos hizo. Y, en los que estamos en Cristo, Él está trabajando de forma especial. En Filipenses 1:6, Pablo afirma: "[Estoy] persuadido de esto, que el que comenzó en vosotros la buena obra, la perfeccionará hasta el día de Jesucristo".

Antes vimos Efesios 2:10: "Porque somos hechura suya, creados en Cristo Jesús para buenas obras". Somos la obra de sus manos y fuimos creados de nuevo en Cristo Jesús con el propósito de hacer buenas obras.

Dios nos ejemplifica la forma de trabajar y la Biblia también nos apunta a otra criatura que hace lo mismo. Proverbios 6:6 dice: "Ve a la hormiga, oh perezoso".

¿No te encanta la palabra "perezoso"? También me gusta cómo lo traduce la Nueva Traducción Viviente: "Tú, holgazán, aprende una lección de las hormigas".

Por supuesto, la hormiga es lo opuesto a un perezoso. Proverbios 6:6-8 continúa: "Mira sus caminos, y sé sabio; la cual no teniendo capitán, ni gobernador, ni señor, prepara en el verano su comida, y recoge en el tiempo de la siega su mantenimiento".

Los seres humanos somos intrínsecamente perezosos. Necesitamos que se nos enseñe lo contrario. Este pasaje dice que debemos permitirle a la hormiga enseñarnos: "Mira sus caminos, y sé sabio". La hormiga no tiene supervisor. No necesita escuchar el chasquido de un látigo. Si eres un jefe, entonces entiendes el tremendo valor de un trabajador al que no necesitas estar empujando constantemente. Los empleados y líderes piadosos toman la iniciativa. Dios valora la diligencia y también lo harán aquellos para quienes trabajas. Sé un buen trabajador; sé lo que te gustaría ver en otros.

Las hormigas viajan en línea. Trepan por la pared de tu casa, entran por un agujero que jamás notaste y llegan a tu hogar para ver qué sobras dejaste para ellas. Se cuelan en tu bote de basura, recogen pequeñísimos trozos de comida y luego hacen el viaje de regreso, por el mismo camino hasta su nido. Nadie tiene que gritarles: "Échenle ganas, muchachos. Terminemos este deber". La hormiga "prepara en el verano su comida, y recoge en el tiempo de la siega su mantenimiento".

Durante el invierno, algunas especies de hormigas comen el alimento que almacenaron durante el verano; otras, sencillamente hibernan. Sin embargo, aun las que lo hacen deben pasar el verano comiendo todo lo posible para sobrevivir al invierno. Probablemente nunca has pensado en que una hormiga debe subir de peso, pero así es como sucede. Esa es una de las razones por las que, a diferencia de la mayoría de los insectos, el frío no mata a las hormigas. Estas pueden vivir entre 2 y 15 años. Las reinas llegan a vivir entre 10 y 30 años.

El trabajo es estacional. Trabajamos diferente en momentos diferentes. El hombre bienaventurado en Salmos 1:3 es "como árbol plantado junto a corrientes de aguas, que da su fruto en su tiempo, y su hoja no cae". Las diferentes etapas de tu vida resultarán en diferente tipo de trabajo y en diferente tipo de cosecha. La clave es permanecer firmemente plantado junto a las corrientes de lo que Jesús llamó el "agua viva" (Juan 4:10-14; 7:38).

Durante la estación cálida, la hormiga trabaja. Durante el invierno, cierra las entradas de sus nidos y, la mayoría, hiberna. La hormiga que estaba tan atareada y fuerte durante el verano se vuelve lenta e inactiva durante el invierno.

Las estaciones cambian, pero están conectadas. Tu cosecha en una etapa se convierte en tu provisión para la siguiente. No desperdicies el verano ni las horas de luz. En Juan 9:4, Jesús dijo: "Me es necesario hacer las obras del que me envió, entre tanto que el día dura; la noche viene, cuando nadie puede trabajar".

Esta es una verdad espiritual, pero también física. No te pases los días y las horas de tu vida en videojuegos ni en otras actividades que no producen cosecha. Aparta dinero. Invierte sabiamente. Piensa en el futuro. "Ve a la hormiga, oh perezoso, mira sus caminos, y sé sabio".

EL TRABAJO ES UN LUGAR DE GRACIA

De una u otra manera, todos servimos a personas y estas pueden ser injustas. Algunas son injustas casi siempre. Si tienes un jefe injusto, el trabajo puede seguir siendo un acto de adoración. Esto es porque el trabajo también es un acto de gracia.

En 1 Pedro 2:18, se nos ordena: "Criados, estad sujetos con todo respeto a vuestros amos; no solamente a los buenos y afables, sino también a los difíciles de soportar". ¿Tu jefe es difícil de soportar? ¿Es injusto? ¿Se adjudica tus buenas ideas y tu esfuerzo? ¿Se aprovecha de ti? Como manifestación de la gracia de Dios en ti, debes seguir respetando su autoridad. El siguiente versículo lo explica así: "Porque esto merece aprobación, si alguno a causa de la conciencia delante de Dios, sufre molestias padeciendo injustamente" (v. 19).

Trabajar con excelencia, incluso si tienes un jefe injusto, refleja la gracia de Dios en tu vida. Imagina que estás solo. Tienes un trabajo que terminar. Tu jefe ha sido injusto y hasta quizás grosero contigo. Ahora te toca trabajar porque tu jefe ha sido negligente en sus deberes. Si haces un mal trabajo, el que saldrá perjudicado no eres tú, sino el jefe que ya se adjudicó el mérito por hacerlo. Puedes arruinarlo y vengarte por su arrogancia y mala conducta. En cambio, haces un trabajo excepcional.

Ni los altos mandos ni tus colegas lo ven. Pero Alguien sí lo ve… y sonríe. No pienses en venganza ni en justicia. Salmos 37:1 dice: "No te impacientes a causa de los malignos". Déjale ese asunto a Dios. Salmos 37:6 promete: "[Él] exhibirá tu justicia como la luz, y tu derecho como el mediodía".

Para más ayuda en esta área, lee los Salmos 37 y 73.

EL TRABAJO TIENE LA BENDICIÓN DE DIOS

Al igual que su abuelo, Abraham, y que su padre, Isaac, Jacob fue un patriarca de Israel. Sin embargo, no siempre fue una persona muy decente. Él engañó a su padre y estafó a su propio hermano gemelo, Esaú. Como podrás imaginar, las tensiones afloraban en la familia, en especial cuando Esaú decidió matar a Jacob.

Por sugerencia de su madre, Jacob emprendió un viaje de unos 1.100 kilómetros (700 mi) hasta el hogar de su tío Labán. En ese viaje, tuvo un encuentro poderoso con Dios y esta experiencia transformó su vida. Cuando llegó a casa de su tío, pronto conoció a una de sus hijas, Raquel, y se enamoró de ella.

Cuando Jacob llevaba con Labán cerca de un mes, este hombre le dijo a su sobrino: "¿Por ser tú mi hermano, me servirás de balde? Dime cuál será tu salario" (Génesis 29:15). Esto nos dice que, durante ese primer mes, incluso sin recibir salario, Jacob había demostrado ser un trabajador diligente. Labán parecía ansioso por asegurar la productividad de Jacob para sí mismo. Vemos la respuesta de Jacob en el versículo 18: "Y Jacob amó a Raquel, y dijo: Yo te serviré siete años por Raquel tu hija menor".

En otras palabras, Jacob estaba dispuesto a trabajar y a usar su salario como dote. Probablemente, ya conoces la historia. Al final de los siete años, Labán engañó a Jacob para que se casara con la hija mayor, Lea, y obligó a Jacob a trabajar otros siete años por Raquel. Jacob terminó sirviendo a su tío durante 20 años. En Génesis 31:41, Jacob le dijo a Labán: "Así he estado veinte años en tu casa; catorce años te serví por tus dos hijas, y seis años por tu ganado, y has cambiado mi salario diez veces".

Dios prosperó a Jacob en medio de toda esta adversidad. Por eso, Labán faltaba constantemente a sus promesas y reducía el salario de Jacob. Labán pensaba que su sobrino ganaba demasiado, pero Dios seguía derramando su favor sobre Jacob.

Al final de los 20 años, Jacob regresó a la tierra prometida con esposas, hijos, cabritos y ovejas. Se fue de casa empobrecido, pero regresó con grandes riquezas. En una oración de acción de gracias, Jacob le dijo al Señor: "menor soy que todas las misericordias y que toda la verdad que has usado para con tu siervo; pues con mi cayado pasé este Jordán, y ahora estoy sobre dos campamentos" (Génesis 32:10).

Jacob no heredó riquezas materiales de su próspero padre, ni tampoco de su acaudalado abuelo, sino más bien de la bendición de Dios sobre la obra de sus manos.

EL TRABAJO SUPREMO

En todas estas lecciones, hemos visto la poderosa relación entre el trabajo y Dios. En un momento dado, Jesús reveló el trabajo supremo:

> Trabajad, no por la comida que perece, sino por la comida que a vida eterna permanece, la cual el Hijo del Hombre os dará; porque a este señaló Dios el Padre. Entonces le dijeron: ¿Qué debemos hacer para poner en práctica las obras de Dios? Respondió Jesús y les dijo: Esta es la obra de Dios, que creáis en el que él ha enviado (Juan 6:27-29).

La obra de Jesús en la cruz permite el flujo de bendiciones de Dios hacia nosotros. ¿Has confiado en Jesús y en su obra para tu salvación?

Dios nos llama a ser hombres de verdad, hombres que trabajan con diligencia.

PREGUNTAS DE ESTUDIO

1. La provisión normal de Dios para ti vendrá a través del trabajo. ¿Por qué, entonces, es tan difícil y frustrante el trabajo? ¿Por qué los gerentes tienen problemas para encontrar buenos empleados? ¿Por qué los empleados tienen problemas para encontrar buenas compañías para las cuales trabajar?

2. ¿En verdad le importan a Dios la calidad de tu trabajo y el nivel de tu esfuerzo? Lee Colosenses 3:22–4:1.

3. ¿Qué podemos aprender de la hormiga?

4. ¿Tu empleador puede ver a Jesús en ti y en tu trabajo? ¿Qué tal tu equipo o la persona a la que reportas directamente?

5. Si eres gerente o líder, ¿de qué formas puedes establecer una ética de trabajo sana y piadosa para tu personal?

6. ¿Tu trabajo agrada a Dios? ¿Su naturaleza es tal que Dios puede bendecirlo?

PARTE 8:

LOS HOMBRES DE VERDAD RESPETAN A LA AUTORIDAD

Todos tienen problemas para someterse a la autoridad. Los seres humanos somos rebeldes por naturaleza. Muchos de nosotros sentimos aversión ante la idea de humillarnos delante de una autoridad. Nuestro orgullo rechaza la idea de ceder ante cualquier autoridad que no sea la nuestra. Sin embargo, anhelamos la honra y la paz que Dios promete a quienes se someten de forma correcta a la autoridad.

Hijos, obedeced en el Señor a vuestros padres, porque esto es justo. Honra a tu padre y a tu madre, que es el primer mandamiento con promesa; para que te vaya bien, y seas de larga vida sobre la tierra.

EFESIOS 6:1-3

Obedeced a vuestros pastores, y sujetaos a ellos; porque ellos velan por vuestras almas, como quienes han de dar cuenta; para que lo hagan con alegría, y no quejándose, porque esto no os es provechoso.

HEBREOS 13:17

Sométase toda persona a las autoridades superiores; porque no hay autoridad sino de parte de Dios, y las que hay, por Dios han sido establecidas.

ROMANOS 13:1

Menospreciar la autoridad de los padres, la autoridad de la iglesia o la autoridad civil significa menospreciar la autoridad de Dios.

MARK HENRY

La obediencia a la autoridad legítima es el fundamento del carácter varonil.[1]

ROBERT E. LEE

19

¿QUÉ ES LA AUTORIDAD?

Las Escrituras tienen mucho que decir respecto a la autoridad. Un buen lugar para comenzar es Mateo 8:5-10:

> Entrando Jesús en Capernaum, vino a él un centurión, rogándole, y diciendo: Señor, mi criado está postrado en casa, paralítico, gravemente atormentado. Y Jesús le dijo: Yo iré y le sanaré. Respondió el centurión y dijo: Señor, no soy digno de que entres bajo mi techo; solamente di la palabra, y mi criado sanará. Porque también yo soy hombre bajo autoridad, y tengo bajo mis órdenes soldados; y digo a este: Ve, y va; y al otro: Ven, y viene; y a mi siervo: Haz esto, y lo hace. Al oírlo Jesús, se maravilló, y dijo a los que le seguían: De cierto os digo, que ni aun en Israel he hallado tanta fe.

Desde nuestra perspectiva en el siglo XXI, leemos con ojos casuales este relato de cómo Jesús entró a Capernaúm y se encontró allí con un centurión. Sin embargo, en aquel momento y lugar, esto no era algo casual. Este soldado era un símbolo andante y parlante de los ocupantes odiados, autoritarios, engañosos y despiadados del territorio de Israel. Los judíos que rodeaban a Jesús tenían razón en considerar peligroso a este centurión, pues él no necesitaba pruebas para ordenar a un soldado que registrara a un judío. Podía acusar a un judío de cualquier crimen, con razón o sin razón, y allí se acabaría el asunto. Aun si, a nivel personal, era un buen sujeto, seguía siendo un invasor odiado y, además, de alto rango.

Imagina que China atacara tu país y lo ocupara con una fuerza militar. Ahora, imagina que uno de los líderes de esta fuerza invasora llegara a ti para pedirte un favor. ¿Qué le dirías? Tal vez, le dirías: "Sí señor. Yo hago lo que sea, solo no lastime a mi familia". O tal vez: "Vete de aquí, sucio extranjero".

EL CENTURIÓN

Jesús no se intimidó ni se enojó ante la petición del centurión. Él trató al romano igual que como trataba a cualquiera que venía a Él con alguna necesidad. Le dijo: "Yo iré y le sanaré". El centurión sorprendió a todos con su respuesta: "Señor, no soy digno de que entres bajo mi techo".

Este centurión estaba al mando de las mejores tropas del mundo de la época. El poder del Imperio romano lo respaldaba. Sin embargo, se humilló delante de este predicador itinerante judío. Le dijo: "no soy digno [...]; solamente di la palabra, y mi criado sanará".

Luego expresó una actitud muy romana hacia la autoridad. Fue una actitud que ayudó a Roma a conquistar el mundo. Dijo: "Porque también yo soy hombre bajo autoridad". El centurión conocía la autoridad como hombre sujeto a autoridad.

También entendía la autoridad como alguien que la ejercía. Dijo así: "Tengo bajo mis órdenes soldados; y digo a este: Ve, y va; y al otro: Ven, y viene; y a mi siervo: Haz esto, y lo hace".

El centurión reconoció que Jesús tenía autoridad. Por eso dijo: "solamente di la palabra, y mi criado sanará". Él creía que la autoridad del Señor iba más allá de su presencia inmediata y física. Cuando Jesús escuchó estas palabras, "se maravilló" y dijo: "De cierto os digo, que ni aun en Israel he hallado tanta fe".

LA AUTORIDAD Y LA VICTORIA

Entender la autoridad hace que la vida sea más sencilla. No estoy hablando de ser un debilucho ni de dejarse manejar por bravucones. Estoy hablando de una perspectiva bíblica sobre el liderazgo y sobre el papel de un seguidor. Un jugador de la NFL puede ganar mucho más dinero que su entrenador de posición e incluso que su entrenador en jefe. Sin embargo, los buenos jugadores escuchan y aprenden. Los grandes equipos están llenos de jugadores que atienden a las enseñanzas de sus entrenadores.

Puede que un jugador tenga decenas de miles de seguidores en redes sociales. Puede que millones de chicos lo admiren y busquen imitarlo. Sin embargo, también él es un hombre bajo autoridad. Sin importar cuán habilidoso, famoso, rico o amado sea el jugador, debe someterse a la autoridad de los entrenadores, de los oficiales del partido y de la liga. La habilidad de un jugador para sortear el liderazgo y la sumisión le permite pasar de ser un joven con gran talento a un jugador genuinamente grande. También les permite a los equipos pasar de la derrota a la victoria.

Entender la autoridad nos ayuda a saber cuándo dirigir y cuando seguir. Nos ayuda a saber cuándo expresar una opinión contraria. También nos ayuda a trabajar con todo nuestro esfuerzo para lograr el éxito del equipo, incluso si piensas que el líder está cometiendo un error estratégico. Debes saber dónde poner tus dos monedas y cuándo marchar hacia el fuego enemigo, aun cuando piensas tener una mejor solución.

JUPOTÁSSO: SOMÉTETE

Nuevamente, la Biblia tiene mucho que decir respecto a la autoridad. De hecho, comienza con la autoridad de Dios sobre todas las cosas. Luego, habla también de la autoridad humana, incluyendo la autoridad de los padres, de los jefes en el trabajo, de la iglesia y del gobierno civil. Romanos 13:1 nos dice: "Sométase toda persona a las autoridades superiores". El término "sométase" es una traducción de la palabra griega *jupotásso*, que significa "estar debajo de otro en rango" o "seguir a alguien". Aunque Jesús era el Señor del universo y sus padres no lo comprendían por completo, Lucas 2:51 nos dice que Jesús permaneció "sujeto" (*jupotásso*) a ellos.

Romanos 10:3 nos habla de cómo algunos intentan establecer su propia justicia y rehúsan sujetarse (*jupotásso*) a la justicia de Dios. En 1 Corintios 16:16 se usa la misma palabra para hablar de nuestra sumisión a los líderes de la iglesia. Esto no significa obediencia ciega a todo lo que escuchas desde el púlpito. En cambio, significa respetar la posición y la autoridad de los líderes eclesiásticos en Cristo.

Finalmente, Efesios 1:22 aborda el tema de la autoridad de Cristo: "[Dios] sometió [*jupotásso*] todas las cosas bajo sus pies".

REVOLUCIONARIOS RESPETUOSOS DE LA LEY

Aunque no debes andar en busca de pretextos, sí debes entender también que puede suceder que una persona o gobierno con autoridad sobre ti te ordene pecar. Puede ser que tu jefe te pida que estafes a un cliente. Puede que el gobierno te prohíba compartir el evangelio. En estas situaciones, un carácter piadoso te ayudará a tomar la decisión correcta de antemano. No estafarás al cliente. No mentirás. No guardarás silencio respecto a las buenas nuevas de Jesucristo. Los estatutos de Dios sobrepasan las órdenes del hombre.

Casper, el padre de Corrie ten Boom, vio cómo los nazis se llevaban a los judíos en vagones de tren a los campos de concentración. Así que escondió a un grupo de ellos y, en el proceso, se puso a sí mismo y a su familia en peligro de muerte. Más tarde, Corrie relataría su historia en el libro clásico *El refugio secreto*. Estas cosas siguen ocurriendo y seguirán haciéndolo hasta que Jesús regrese. Puede que te enfrentes a una decisión igual de trascendental que la de Casper ten Boom, así que decídelo ahora: Yo sigo a Jesús, el Hijo de Dios.

Hechos 5:29 afirma que, cuando las autoridades judías ordenaron a los apóstoles dejar de predicar y de enseñar sobre Jesús, ellos respondieron: "Es necesario obedecer a Dios antes que a los hombres". No se trataba de una resistencia arrogante. No les faltaron el respeto a las autoridades. El versículo 26 nos dice que estas los arrestaron "sin violencia". Pudieron hacer esto sin violencia porque los apóstoles no se resistieron. En cambio, mostraron respeto. No comenzaron un disturbio ni incitaron a la multitud a quemar el vecindario. Su resistencia se limitó al conflicto entre las órdenes del Sanedrín y las de Dios.

Los discípulos entendían la autoridad e, incluso, cuando tuvieron que desobedecerla, la respetaron. En este punto, la historia se complica. Las autoridades golpearon gravemente a Pedro y a los demás. Los azotaron y, de nuevo, les ordenaron no hablar más en el nombre de Jesús. Finalmente, los soltaron.

Entonces, sucedió un milagro. Hechos 5:41-42 nos lo narra: "Y ellos salieron de la presencia del concilio, gozosos de haber sido tenidos por dignos de padecer afrenta por causa del Nombre. Y todos los días, en el templo y por las casas, no cesaban de enseñar y predicar a Jesucristo".

Esto no es normal, pero sí es *cristiano*. Con su espalda aún sangrando y su cuerpo entero sufriendo los estragos del trauma recibido, continuaron su camino gozosos. "¡Aleluya! Fuimos tomados por dignos de padecer afrenta por causa del Nombre".

A ninguno de nosotros le gustaría que lo azotaran. A ellos, tampoco. No queremos vivir esa clase de castigo ni esas situaciones. No obstante, sí vivimos en una época similar. En enero de 2021, Open Doors [Puertas Abiertas], una organización de asistencia que sirve a cristianos perseguidos, estimó que 340 millones de cristianos enfrentan persecución por su fe.[1] ¡Esto representa a uno de cada ocho creyentes en el mundo!

Tú mismo enfrentarás duras pruebas de fe. Por eso es tan importante implementar desde ahora el Código de los Hombres. Satanás enseña al ser humano a gloriarse en la anarquía. Por todo el mundo, ha diseñado sociedades donde *subversivo* se ha convertido en sinónimo de *heroico*.

Los seguidores de Cristo no somos anárquicos. Los primeros cristianos "[trastornaron] el mundo entero" (Hechos 17:6). Sin embargo, despertaron una revolución como ciudadanos del cielo, respetuosos de la ley.

EN LA GRACIA

Someternos a las leyes y autoridades humanas no limita nuestras oportunidades. El centurión romano no nació siendo centurión; él tuvo que llegar a ese puesto. Probablemente sirvió fielmente durante ocho o diez años antes de recibir este rango. La sumisión piadosa no significa que el subordinado deba permanecer de por vida en el mismo rol. En cambio, ofrece un camino de oportunidades. Esta es la ruta para crecer en mayor estima, honra, liderazgo, responsabilidades y deberes.

Todos estamos bajo la autoridad de alguien. Las preguntas son: ¿Somos rebeldes como Satanás u honramos a Dios en sumisión? ¿Es este un problema de fe y puedo confiar en que Dios me bendecirá cuando me someto? Aunque siempre tendremos que rendir cuentas a alguien, podemos esperar que un carácter piadoso, una ambición enfocada, una disposición a asumir nuestra responsabilidad y otros puntos esenciales del Código de los Hombres produzcan un incremento de nuestra propia autoridad.

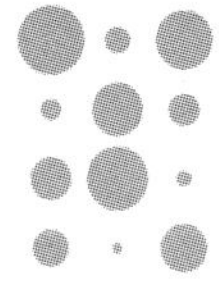

20

SUJETO AL HOMBRE, PROTEGIDO POR DIOS

Recuerdo la primera vez que medité en serio en Romanos 13:1 que dice: "Sométase toda persona a las autoridades superiores". Automáticamente añadí la cláusula de excepción: "Me someteré a las autoridades superiores, siempre que sean buenas".

Esta perspectiva tiene un grave error. Si te sometes únicamente a las autoridades superiores "buenas", entonces nunca te someterás a ningún gobierno humano. Yo creo que los Estados Unidos de América han sido durante mucho tiempo una luz entre las naciones y una bendición para el mundo. Sin embargo, la nación también está llena de pecado y de fracasos morales y podemos ver que se encuentra en un declive espiritual y moral. Pienses lo que pienses del gobierno, la Biblia dice que debes someterte al gobierno de tu país y a sus representantes.

Como creyente, tú tienes una doble ciudadanía. Filipenses 3:20 dice que "nuestra ciudadanía está en los cielos". Cuando Pablo escribió estas palabras, él era ciudadano de Israel, de Roma y del cielo. Él se tomaba en serio los derechos y las responsabilidades de las tres ciudadanías y se sometía a las tres autoridades superiores. La mayor de estas tres era su ciudadanía celestial. Esta tenía prioridad por encima de la de Israel y la de Roma, pero no negaba su sumisión a estas dos.

SÚBDITOS DE NERÓN

Pablo escribió Romanos 13 cuando Nerón era el gobernante del Imperio romano.

En su artículo en *ListVerse*, Patrick Ryan resume bastante bien a Nerón: "Envenenaba, decapitaba, apuñalaba, quemaba, hervía, crucificaba y empalaba a las personas. A menudo, violaba a las mujeres y les cortaba las venas y las partes privadas tanto a hombres como a mujeres [...]. Miles de cristianos murieron de hambre, quemados, despedazados por perros o por leones, crucificados, usados como antorchas y clavados en cruces"[1]

Cuando Pablo escribió Romanos 13:1, Nerón era la autoridad superior humana suprema sobre la tierra. Esto echa por tierra la excusa de "si es un gobierno malvado, no tengo que someterme".

En Marcos 12:13-17, los fariseos intentaron tender una trampa a Jesús con una pregunta sobre la autoridad humana. Le preguntaron si debían pagar o no tributos a César. Él les respondió: "Traedme la moneda para que la vea. Ellos se la trajeron; y les dijo: ¿De quién es esta imagen y la inscripción? Ellos le dijeron: De César. Respondiendo Jesús, les dijo: Dad a César lo que es de César, y a Dios lo que es de Dios".

Para nosotros, la lección es sencilla. Paga tus impuestos y obedece las leyes del gobierno humano, siempre que no contradigan la ley de Dios.

RAZONES PARA SOMETERNOS AL GOBIERNO

1. *Dios nos ordena hacerlo.* Acabamos de ver Romanos 13:1. Este y otros versículos nos mandan sujetarnos a las autoridades superiores.

2. *La sumisión al gobierno es una forma de sumisión a Dios.* La segunda mitad de Romanos 13:1 dice: "no hay autoridad sino de parte de Dios, y las que hay, por Dios han sido establecidas".

3. *Los gobiernos se levantan y caen conforme a la providencia de Dios.* Daniel 2:21 dice que Dios "quita reyes, y pone reyes".

En Juan 19:11, Jesús le dijo a Poncio Pilato, el gobernador romano de Judea: "Ninguna autoridad tendrías contra mí, si no te fuese dada de arriba".

¿POR QUÉ PONDRÍA DIOS A UN GOBIERNO MALVADO?

A veces, en su misericordia, Dios da a las naciones los líderes que necesitan. Otras veces, en su justicia, les da los líderes que se merecen. Isaías 3:4-5 nos ilustra esto. A menudo, Dios reemplaza líderes sabios y honorables. En su lugar, dice: "Les daré muchachos por príncipes, y niños caprichosos gobernarán sobre ellos. Y el pueblo será oprimido, el uno por el otro y cada cual por su prójimo" (NBLA).

Los "niños caprichosos" son impulsivos. Tienden a enojarse y a perder el control. Un líder malvado constituye un juicio de parte de Dios. No obstante, durante esos regímenes, debes recordar las promesas de Dios. Estas siguen siendo verdaderas y válidas para su pueblo, sin importar quién esté al frente del gobierno.

Romanos 13:4-5 describe los buenos propósitos de Dios para el gobierno. Las autoridades superiores deben reprimir la maldad y permitir así que los ciudadanos vivan en paz. El gobierno debe protegernos (aunque sea de forma imperfecta) de los ladrones, violadores, asesinos y otros criminales. Puede que haya aspectos de un gobierno que aborrezcas. Puede que Dios mismo también aborrezca estas cosas. Sin embargo, el gobierno sigue allí para preservarte y protegerte a ti a tus seres queridos.

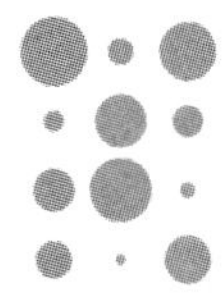

21

LA OBRA ESPIRITUAL DE LA SUMISIÓN

El apóstol Pedro también habló de someternos a las autoridades superiores:

> Por causa del Señor someteos [*jupotásso*] a toda institución humana, ya sea al rey, como a superior, ya a los gobernadores, como por él enviados para castigo de los malhechores y alabanza de los que hacen bien. Porque esta es la voluntad de Dios: que haciendo bien, hagáis callar la ignorancia de los hombres insensatos [...]. Honrad a todos. Amad a los hermanos. Temed a Dios. Honrad al rey (1 Pedro 2:13-15, 17).

¿Quién era el rey cuando Pedro escribió este pasaje? Nerón... ese sujeto que usaba a los cristianos como alimento para los perros salvajes y como antorchas humanas para iluminar sus jardines.

Su exhortación nos habla de acciones, pero todo comienza con la actitud. Como lo mencionamos antes, existe una excepción a la regla de obedecer todo mandato del gobierno. Sin embargo, aun en la desobediencia civil, debemos portarnos de forma civilizada. La palabra griega que se traduce "honrad", en el versículo 17, tiene una connotación de valorar y hasta de apreciar. Debemos apreciar a todos, incluso al rey.

Si esto te suena imposible, recuerda que el mismo Espíritu Santo que inspiró estos versículos de las Escrituras también obra en nosotros y a través de nosotros. Cuando tú y yo honramos la autoridad de una persona, incluso si esta no es honrosa, se convierte en una obra espiritual de gracia: *su obra.*

ORA Y ESPERA CAMBIOS

En 1 Timoteo 2:1-2 se nos dice: "Exhorto ante todo, a que se hagan rogativas, oraciones, peticiones y acciones de gracias, por todos los hombres; por los reyes y por todos los que están en eminencia, para que vivamos quieta y reposadamente en toda piedad y honestidad".

Quizás hayas oído la expresión: "La oración cambia las cosas". *Es cierto* que cambia las cosas, comenzando por nosotros mismos. Cuando tú y yo comenzamos a rogar por los que están en eminencia (incluso por quienes persiguen a nuestros seres queridos), esto transforma nuestra perspectiva, acalla nuestra alma y nos prepara para vivir vidas piadosas, sin importar lo que nos suceda. Nuestra ira se derrite y se convierte en compasión y en piedad. Es aquí, en este espacio, que la gracia de Dios fluye en el corazón de sus siervos.

Debemos seguir diciendo la verdad. Por ejemplo, es necesario condenar el pecado de una nación. Debemos decir con valentía: "Dios pedirá cuentas a esta nación por sus pecados". Sin embargo, también debemos hablar con bondad y gentileza e ilustrar el amor de Cristo, que no anhela juicio, sino más bien salvación.

ORA Y ESPERA MÁS CAMBIOS

Orar por autoridades impías no solo nos transforma, sino que también tiene el potencial de transformarlas a ellas. El objetivo es que tú mismo, tu familia y tus amigos vivan en paz, prosperidad y seguridad, incluso si el partido político al que te opones llega al poder. Esta es una excelente razón para orar por tus líderes nacionales y comunitarios, a pesar de su afiliación partidista. Ora por luz y entendimiento para ellos. Ora para que tengan sabiduría y se opongan a la corrupción. Ora para que usen su poder como Dios lo planeó. Las turbulencias provocadas por líderes impíos suelen hacer que sea difícil llevar una vida quieta y reposada. De manera que ora para que tus líderes lleguen a la fe en Cristo y crezcan en piedad.

Salmos 63:3 dice que la misericordia de Dios es "mejor [...] que la vida". Orar por los que están en eminencia nos ayuda a dar un paso hacia una vida donde la misericordia de Dios se manifiesta en todo lo que hacemos y hasta en el último detalle de quienes somos.

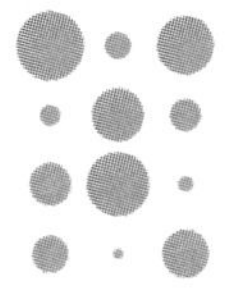

22

EL HOMBRE QUE SE SOMETIÓ Y GOBERNÓ

Daniel fue un extranjero en tierra extraña… igual que nosotros.

Según Filipenses 3:20, si conoces a Jesús, tu "ciudadanía está en los cielos". Eres un extranjero que pasa por una tierra que probablemente te parece cada día más extraña. Es cierto que podemos comenzar a sentirnos en casa aquí. Sin embargo, siempre tenemos el sentimiento de que estamos fuera de lugar. A medida que crece la rebeldía del mundo contra Dios, también crece el sentido de desplazamiento del creyente.

Daniel se pasó toda la vida como extranjero. Los babilonios lo hicieron cautivo y se lo llevaron de su tierra natal cuando era apenas un adolescente. El primer capítulo del libro de Daniel nos cuenta la historia. Estos conquistadores identificaron los dones que tenía Daniel. Lo colocaron en un programa especial que transformaba a extranjeros talentosos en babilonios fieles y útiles.

Cuando los babilonios tomaban cautivo a un pueblo, buscaban a los jóvenes inteligentes, educados, talentosos y bien parecidos que mostraban especial promesa de convertirse en líderes. Bajo el gobierno del rey Nabucodonosor, veían el talento como una parte importante del tesoro que obtenían de los pueblos que conquistaban. Así que desarrollaron un programa de inmersión en la lengua y en la cultura de Babilonia para estos jóvenes. Les quitaban su familia, los vestían como babilonios, les daban nuevos nombres, los halagaban y los amenazaban. Era un curso poderoso y largo de lo que ahora llamamos lavado de cerebro.

UNA VIDA PIADOSA EN UNA GENERACIÓN IMPÍA

En todo esto, Daniel y sus amigos se acordaron de Dios y de sus leyes. En la cuarta parte de este libro, vimos la historia de los amigos de Daniel: Sadrac, Mesac y Abed-nego. Vimos su devoción a Dios, aun ante la amenaza de muerte en un horno de fuego.

Al igual que los cautivos de otras tierras, se suponía que estos cuatro jóvenes hebreos comieran los manjares y bebieran el vino que el rey mandaba preparar en su propio palacio. Esta era la mejor calidad de cocina disponible. Recibirla se consideraba un honor. Sin embargo, la comida no era *kosher*.

Daniel y sus amigos querían mantener una conciencia limpia delante de Dios. Daniel 1:8 afirma que "Daniel propuso en su corazón no contaminarse con la porción de la comida del rey, ni con el vino que él bebía; pidió, por tanto, al jefe de los eunucos que no se le obligase a contaminarse".

Daniel no se enojó ni hizo alarde de su virtud. No se puso a gritar: "No me contaminaré con la sucia comida del rey". En cambio, "pidió [...] al jefe de los eunucos". Respetó su autoridad. Pidió que se les diera de comer a él y a sus amigos solo verduras. La ley de Dios no requería que Daniel fuera vegetariano, pero él sabía que los babilonios no preparaban la carne de la manera que Dios había establecido en la ley de Moisés. Las verduras eran la opción más segura.

El rey Nabucodonosor tenía fama de decapitar a todo el que lo desafiaba. El oficial a cargo de los jóvenes temió que, si solo comían verduras, Daniel y sus amigos tendrían un aspecto desnutrido. Si el rey los veía con peor aspecto que los chicos de otras tierras, podría costarle a este hombre más que su trabajo. Podría costarle la vida.

Daniel no discutió ni sermoneó. Este adolescente hebreo hizo una propuesta razonable, que el oficial podía probar sin ponerse en peligro delante del rey. Daniel dijo: "Te ruego que hagas la prueba con tus siervos por diez días, y nos den legumbres a comer, y agua a beber. Compara luego nuestros rostros con los rostros de los muchachos que comen de la ración de la comida del rey, y haz después con tus siervos según veas" (Daniel 1:12-13).

El jefe de los eunucos accedió. Al término de diez días, Daniel y sus amigos tenían un aspecto mejor y más saludable que el de los jóvenes que comían de la comida del rey.

DECAPITEN A LOS SABIOS

Dos años más tarde, el rey Nabucodonosor comenzó a tener un sueño recurrente que lo desconcertó. Así que llevó su problema a los sabios y a los magos. Les pidió que le dijeran cuál era su sueño y cuál su interpretación. El rey pareció percibir la trascendencia del sueño y quiso entender su significado. De manera que se aseguró de que los sabios supieran de lo que hablaban y les exigió no solo interpretar el sueño, sino también describirlo.

Según Daniel 2:3-4, "el rey les dijo: He tenido un sueño, y mi espíritu se ha turbado por saber el sueño. Entonces hablaron los caldeos al rey en lengua aramea: Rey, para siempre vive; di el sueño a tus siervos, y te mostraremos la interpretación".

Al rey no le gustó la respuesta y les contestó: "El asunto lo olvidé; si no me mostráis el sueño y su interpretación, seréis hechos pedazos, y vuestras casas serán convertidas en muladares" (v. 5).

En respuesta, los sabios le dijeron, en resumidas cuentas: "Eso no es justo. Se supone que los reyes cuentan a los sabios sus sueños y luego estos le informan al rey lo que los sueños significan". A lo que el rey respondió: "Vamos a comenzar a hacer recortes por aquí, comenzando por sus cabezas".

SABIA Y PRUDENTEMENTE

En este tiempo, Daniel seguía siendo joven, pero su talento y formación lo habían hecho ya un sabio. Él trabajaba en ese departamento del gobierno, de manera que la orden del rey de ejecutar a los sabios lo incluía.

Daniel 2:13-15 nos narra lo que sucedió a continuación:

> Se publicó el edicto de que los sabios fueran llevados a la muerte; y buscaron a Daniel y a sus compañeros para matarlos. Entonces

> Daniel habló sabia y prudentemente a Arioc, capitán de la guardia del rey, que había salido para matar a los sabios de Babilonia. Habló y dijo a Arioc capitán del rey: ¿Cuál es la causa de que este edicto se publique de parte del rey tan apresuradamente? Entonces Arioc hizo saber a Daniel lo que había.

Uno esperaría que Daniel entrara en pánico, huyera o se escondiera. En cambio, buscó al hombre que había sido enviado para ejecutarlo y razonó con él. Le habló "sabia y prudentemente". Daniel entendía la posición de Arioc. No se puso a renegar de la locura de matar a todos los consejeros del rey. En cambio, se concentró en un punto que de seguro molestaba también a Arioc. ¿Por qué tanta urgencia? La orden no parecía sensata ni estratégica. Un militar como Arioc probablemente quería que todo se hiciera con cuidado y deliberación. Matar a todos los consejeros del rey de forma tan repentina constituiría una purga de la cual Nabucodonosor y, probablemente, la misma Babilonia jamás se recuperarían.

La sabiduría y prudencia de Daniel, junto con su gracia y valentía, dieron resultado. Arioc le dio tiempo para buscar una respuesta: "Luego se fue Daniel a su casa e hizo saber lo que había a Ananías, Misael y Azarías, sus compañeros" (v. 17).

Estos cuatro adolescentes acudieron a Dios en oración. Una sentencia de muerte puede dar a la oración una urgencia especial. De manera que estoy seguro de que se trató de lo que Santiago 5:16 llama una "oración eficaz".

EL JOVEN HABLA CON EL REY

Entonces, leemos que "el secreto fue revelado a Daniel en visión de noche" (Daniel 2:19). Después de esto, uno esperaría que los jóvenes enviaran un comunicado de prensa para dar a conocer que conocían tanto el sueño como la interpretación. Que salieran a gritarlo a las calles. Que se pavonearan un poco por el palacio. Sin embargo, aunque era adolescente, Daniel era en verdad un hombre sabio, pues él y sus amigos oraron de nuevo, esta vez en acción de gracias y alabanza.

Más tarde esa mañana, el joven Daniel se presentó delante de Nabucodonosor… un adolescente extranjero delante del hombre más poderoso de la tierra. Daniel no proclamó sus propias virtudes. En cambio, comenzó a testificar del único Dios verdadero. Daniel dijo: "El misterio que el rey demanda, ni sabios, ni astrólogos, ni magos ni adivinos lo pueden revelar al rey. Pero hay un Dios en los cielos, el cual revela los misterios, y él ha hecho saber al rey Nabucodonosor lo que ha de acontecer en los postreros días. He aquí tu sueño, y las visiones que has tenido en tu cama" (vv. 27-28).

Daniel le relató al rey el sueño y la interpretación. Antes de hacerlo, honró a Dios. La respuesta del rey también dio honra a Dios, al igual que al joven Daniel.

> Entonces el rey Nabucodonosor se postró sobre su rostro y se humilló ante Daniel, y mandó que le ofreciesen presentes e incienso. El rey habló a Daniel, y dijo: Ciertamente el Dios vuestro es Dios de dioses, y Señor de los reyes, y el que revela los misterios, pues pudiste revelar este misterio. Entonces el rey engrandeció a Daniel, y le dio muchos honores y grandes dones, y le hizo gobernador de toda la provincia de Babilonia, y jefe supremo de todos los sabios de Babilonia. Y Daniel solicitó del rey, y obtuvo que pusiera sobre los negocios de la provincia de Babilonia a Sadrac, Mesac y Abednego; y Daniel estaba en la corte del rey (vv. 46-49).

Daniel entendía el concepto de la oración, del honor y de la sumisión. Aun en medio de una situación aterradora, permaneció fiel y Dios lo honró.

LA FE ANTES QUE LA AMARGURA

La interpretación del sueño resultó ser halagadora para el propio rey Nabucodonosor. Probablemente, esto hizo que las partes más duras de la profecía le fueran más fáciles de aceptar. Más adelante en su vida, Daniel se encontraría en la situación opuesta. Él tendría que informar al rey Belsasar que había sido pesado en balanza y hallado falto; que su reino sería conquistado y todo por culpa de su propio pecado. Aparentemente, a pesar de la naturaleza dura del mensaje de Dios a Belsasar, Daniel le habló con respeto porque, cuando terminó, el rey también lo honró con vestidos reales y un fantástico aumento (Daniel 5:29).

Este aumento solo duraría unas cuantas horas. Poco después, el ejército de Darío de Media[1] capturó Babilonia y ejecutó al rey Belsasar. Con este cambio de gobierno, Daniel enfrentó una nueva cultura, un nuevo régimen y un nuevo rey.

Daniel honró a este nuevo rey, pero, cuando un decreto real entró en conflicto con las órdenes de Dios, arriesgó su vida por obedecer a Dios en lugar de al hombre. Él mantuvo su respeto hacia el rey, incluso cuando este lo lanzó al foso de los leones. Luego, para deleite del rey, Dios mantuvo a Daniel a salvo.

Todos luchamos con la sumisión a la autoridad. La vida de Daniel fue trastornada por personas llenas de maldad. Quizás hubo momentos en los que deseó incendiar los famosos jardines colgantes de Babilonia. El Salmo 137 describe los sentimientos de los cautivos israelitas en su viaje forzado de Jerusalén a Babilonia. El versículo 9 nos da una ilustración vívida de la furia y del dolor de los cautivos: "Dichoso el que tomare y estrellare tus niños contra la peña".

Esta es una imagen de la frustración y de la angustia que sintieron los israelitas cuando los babilonios los provocaban y se burlaban de ellos en su camino a una tierra extraña. Sin embargo, en lugar de actuar con amargura y frustración, Daniel escogió confiar en Dios y se convirtió en un arquetipo que mostraba a los judíos cómo prosperar durante la diáspora (el desplazamiento de los judíos fuera de Israel) alrededor del mundo durante miles de años.

Todos tenemos una naturaleza rebelde. Sentimos aversión ante la idea de humillarnos delante de una figura de autoridad, en especial si es extraña a nosotros de alguna forma. Sin embargo, el camino de Dios es mejor. Él promete paz y fortaleza a los que se someten de forma correcta a la autoridad.

Recuerda 1 Corintios 16:13: Pórtate varonilmente. Los hombres de verdad respetan a la autoridad.

PREGUNTAS DE ESTUDIO

1. ¿Quién creó la autoridad y el orden de gobierno? ¿Quién pedirá cuentas a todas las autoridades? ¿Cómo deben los líderes responder a esto?

2. ¿Cuál de los pasajes sobre honrar a la autoridad te impresionó más? ¿Por qué lo hizo? ¿Qué historia bíblica te ayudó más? ¿La del centurión, la de Daniel o alguna otra?

3. En tu etapa actual de la vida, ¿qué autoridades ha puesto Dios sobre ti? ¿Qué actitud tienes hacia ellas? ¿Estás honrándolas de una forma que agrada a Dios?

4. ¿Qué estás enseñando a tus hijos y a otros respecto a la autoridad? ¿Estás enseñándoles de forma directa o indirecta a ser rebeldes? ¿Cómo te afectará esto a ti (y a ellos) en el futuro?

5. Satanás es un anarquista y un rebelde. Pregúntate: *¿Me he puesto en una posición donde puedo experimentar la bendición de Dios sobre mi vida con respecto a mi sumisión y a mi liderazgo? ¿Qué necesito cambiar para ser exitoso a los ojos de Dios?*

PARTE 9:

LOS HOMBRES DE VERDAD HONRAN A SU ESPOSA

Los hombres de verdad honran a su esposa. Vivimos en una cultura que se ofende ante la idea de que existen diferencias biológicas entre el hombre y la mujer o bien roles de género de cualquier tipo. La naturaleza y las Escrituras nos dicen lo contrario. Dios llama a los maridos a tratar a su esposa con gentileza, con consideración y con honor. (¿No estás casado? Revisa el final de esta sección para ver de qué forma se aplica esta sección del Código de los Hombres a ti).

En las Escrituras, encontramos estos recordatorios:

El que halla esposa halla el bien,
Y alcanza la benevolencia de Jehová.
PROVERBIOS 18:22

Sea bendito tu manantial,
Y alégrate con la mujer de tu juventud,
Como cierva amada y graciosa gacela.
Sus caricias te satisfagan en todo tiempo,
Y en su amor recréate siempre.
PROVERBIOS 5:18-19

Un matrimonio feliz es la unión de dos buenos perdonadores.[1]

ROBERT QUILLEN

Los buenos matrimonios no suceden por azar ni por accidente. En cambio, son el resultado de una inversión constante de tiempo, atención, perdón, afecto, oración, respeto mutuo y de un compromiso sólido como el acero entre un esposo y una esposa.[2]

DAVE WILLIS

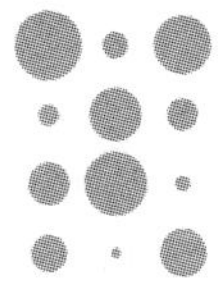

23

HONRA A TU ESPOSA

Si deseas poder enfrentar cualquier situación con confianza y autoridad piadosas, comienza el camino con honrar a tu esposa. Antes, vimos cómo Jesús lavó los pies de sus discípulos. Él afirmó que este era un ejemplo para nosotros. ¿Cuánto más deberíamos lavar los pies de nuestra esposa, en términos espirituales? Haz eso y, cuando te pongas de pie, descubrirás que has crecido en Cristo.

En 1 Pedro 3:7 encontramos una exhortación poderosa para nosotros: "Vosotros, maridos, igualmente, vivid con ellas sabiamente, dando honor a la mujer como a vaso más frágil, y como a coherederas de la gracia de la vida, para que vuestras oraciones no tengan estorbo".

Honra a tu esposa. Ella es coheredera "de la gracia de la vida". Es la hija amada de Jesús. Él entregó su vida por ella. Tú puedes edificarla o perjudicarla. Si la perjudicas, tendrás que responder ante Dios.

¿Quieres que tus oraciones no tengan estorbo? Honra a tu esposa. Un hombre puede honrar a su esposa de muchas maneras.

HONRA A TU ESPOSA EN ORACIÓN

Orar unos por otros no es solo una expresión de amor, sino que también es un amplificador de amor. Cuando oramos por otros o con otros, nos involucramos con sus luchas, dificultades, altibajos emocionales, tentaciones y triunfos. "Déjame orar por ti" no es una frase de menosprecio ni tampoco de santurronería; es un acto de edificación.

No solo ores por tu esposa. Ora *con* ella. Es probable que nadie concuerde contigo en oración de forma más perfecta (Mateo 18:19). Y nada producirá un nivel más profundo de intimidad y de amor que derramar juntos su corazón a Dios en adoración, súplica y sumisión.

HONRA A TU ESPOSA CON TUS PALABRAS

Es crucial honrar a nuestra esposa con las palabras que usamos cuando hablamos de ellas y con ellas. Hay una multitud de chistes sobre las esposas que, cuando los consideras, resultan no ser tan divertidos. Algunos usan estos chistes como garrotes policiales. No estoy diciendo que no puedes bromear, pero, siempre que lo hagas, debes reconocer que, incluso en esos momentos, es tu responsabilidad honrar a tu esposa.

En 1 Tesalonicenses 5:11 se exhorta a los cristianos: "edificaos unos a otros". Si esto se aplica a todos tus hermanos y hermanas en Cristo, ¿cuánto más se aplicará también a tu esposa? Edifícala. No la perjudiques. Y recuerda que nada edifica ni lastima tanto como la lengua (Santiago 3:1-10).

Piensa en las palabras que usas cuando hablas de tu esposa con tus hijos, con tus compañeros de trabajo, con tus padres o con tus hermanos. ¿Escuchas palabras que honran a la mujer que Dios te ha dado como tu socia de por vida? Pronuncia palabras que la honren. Exprésate así de ella y delante de ella. Dios te pedirá cuentas de las palabras que usas respecto a tu esposa.

HONRA A TU ESPOSA CON TUS ACTOS

Jera y yo compramos nuestra primera casa en Parachute, Colorado. La casa databa de 1922. En Aspen, se había utilizado para alojar mineros. Más tarde, la movieron casi trescientos kilómetros (180 mi) hasta Parachute. Cuando compramos esta minúscula casa, era la más barata que pudimos encontrar.

Cuando compras la casa más barata, es de esperar que surjan problemas. Tres días después de mudarnos, nuestra hija perforó un cable interno de la casa con un rastrillo de acero. Salieron chispas y comenzó a levantarse una humareda. Jera me llamó a mi oficina en la iglesia: "La casa se va a quemar". Yo hice lo que harías tú: salí corriendo hacia la casa, llevé a

Jera y a los niños a un lugar seguro y corté los cables eléctricos que conectaban la casa al suministro eléctrico municipal.

En verdad que, por la gracia de Dios, todos salimos ilesos. Sin embargo, la casa... bueno, digamos que requirió de muchos cuidados y amor.

Mis acciones en ese momento de crisis honraron a Jera y sus necesidades, pero los años que le siguieron fueron los más difíciles. Teníamos una lista gigantesca de reparaciones indispensables: reconectar el suministro eléctrico de la casa, renovar la instalación eléctrica, volver a instalar el aislante, colocar un respiradero en el ático, etcétera. Jera también tenía una larga lista de "cosas por hacer, cariño": construir un nuevo cuarto, comprar una máquina lavavajillas, renovar la pintura, colocar un segundo baño, entre otras.

A largo plazo, mirar un partido de fútbol tiene poca trascendencia, pero completar esa lista de "cosas por hacer, cariño" tiene consecuencias eternas porque, al hacerlo, honramos a nuestra esposa. Dios se sonríe... y escucha nuestras oraciones.

HONRA A TU ESPOSA CON TUS AFECTOS

¿Qué te gusta en verdad? ¿El fútbol, la cacería, el básquetbol, el deporte, la pesca, el gimnasio, el esquí, el golf, una carne asada, el trabajo? Es fácil identificar aquello que amas: considera en qué piensas más, en qué gastas tu tiempo y tu dinero, y sobre qué te gusta más hablar. La siguiente pregunta es aún más importante: ¿Amas a tu esposa más que a estas cosas? ¿Lo sabe ella? ¿Lo siente ella?

Jesús nos mandó amar a nuestro prójimo. Esto se define con claridad en la Biblia. Debemos hacerles bien, no mal. No debemos mentir, robar ni dañar. ¿Cuánto más con nuestra esposa? El Nuevo Testamento enfatiza que nuestro mayor afecto debe ser hacia ella.

Es fácil concentrar nuestros afectos en las cosas equivocadas. La Biblia es clara. Poner tu afecto en tu esposa (siempre después de Dios, pero con un afecto real) no es una de esas cosas equivocadas. Efesios 5:25 no puede ser más claro en cuanto al cariño que un hombre debe tener por su esposa. Este pasaje nos dice sencillamente: "Maridos, amad a vuestras mujeres".

HONRA A TU ESPOSA CON TUS OJOS

Vivimos en una época seductora. La obscenidad, la carnalidad y los diferentes niveles de pornografía se han infiltrado en casi todas las cosas.

La Biblia nos dice que Job fue un hombre justo delante de Dios. Él temió a Dios y caminó con Él. Y, al igual que todos los hombres, fue tentado por Satanás. Job enfrentó varias pruebas difíciles, solo para recibir los insultos de sus amigos. En su última defensa de su devoción a Dios, Job habló de un pacto que había hecho delante de Dios: el pacto de guardar sus ojos: "Hice un pacto con mis ojos, de no mirar con codicia sexual a ninguna joven" (Job 31:1, NTV).

En Mateo 5:27-28, Jesús dijo: "Oísteis que fue dicho: No cometerás adulterio. Pero yo os digo que cualquiera que mira a una mujer para codiciarla, ya adulteró con ella en su corazón".

En todas las generaciones, los hombres han tenido la tentación de codiciar otras mujeres. Es una batalla que todos nosotros enfrentamos. Satanás está acechándote hoy. Él quiere que deshonres a Dios y a tu esposa. De esta forma, se han destruido incontables matrimonios y vidas. No seas otra víctima de esta guerra espiritual. Haz un pacto con tus ojos y honra a tu esposa. Vuelve tu deseo únicamente hacia ella.

HONRA A TU ESPOSA EN TUS PLANES

A Jera y a mí nos encanta ir a comer pizza. La pizza es una maravillosa forma de mejorar un matrimonio... al menos, así funciona en nuestro caso. Cuando salimos, le pregunto qué está en su lista de sueños por cumplir. "¿Qué cosas esperas con ansias? ¿Qué es importante para ti? ¿Qué quieres hacer en el futuro y qué más después de eso?".

Quiero honrar a Jera con mis planes. Para hacerlo, debemos planificar juntos, soñar juntos, ponernos metas juntos. Esta no es *mi* película. Es la nuestra. No es *mi* vida. Es la nuestra. Estamos en esto juntos, de manera que, cuando planifico con ella y doy a sus deseos una prioridad igual a los míos, la honro.

HONRA A TU ESPOSA CON TU VIDA

Quiero honrar a Dios con mi vida. Y quiero honrar también a Jera. Mi conducta (las cosas que digo y la forma en que me comporto) la afectan de alguna manera. Estas cosas dan honra a Dios y a Jera o bien vergüenza a Dios y a mi esposa. No hagas nada que avergüence a tu esposa. Que toda tu vida le muestre honor y respeto.

Piensa en ese político qué cayó en desgracia porque lo descubrieron en una infidelidad con una becaria y que se sube a un podio y confiesa al público y, al mismo tiempo, asegura que será un hombre transformado en el futuro. Que nunca volverá a suceder. Allí, a su lado, en bochorno, vergüenza y deshonra, está su esposa. Puede que no seas político, pero tu forma de vivir la afecta también a ella. Que tu efecto sobre su carácter sea brillante y resplandeciente, no oscuro, de mal gusto ni corrupto.

Esto no solo tiene que ver con cosas trascendentales y públicas. También podemos honrar a nuestra esposa de mil pequeñas maneras. Hace años, algunas amables mujeres en la iglesia que pastoreaba vinieron a mí con una sugerencia:

—Pastor Mark, hemos conversado y pensamos que se vería mucho mejor si se rasura la barba.

Creo que habrían estado dispuestas incluso a comprarme un rastrillo. Sin embargo, no me dejé persuadir. La decisión no estaba en sus manos… ni siquiera en las mías. Les respondí:

—A Jera le gusta cómo me veo con barba. Si a Jera le gusta, así me quedaré.

En pocas palabras, estoy comprometido con honrar las preferencias de Jera por sobre las de todos los demás.

Recientemente fui a comer con un amigo pastor. Él tenía un cuerpo atlético y estaba en forma, de manera que no pude evitar intentar engordarlo un poco. Traté de ofrecerle algún platillo con carbohidratos. Él me dijo:

—No gracias, no puedo comer nada de eso.

—¿Por qué no? —le pregunté. Supuse que tal vez tendría alguna alergia alimentaria.

Él me respondió:

—Es que estoy intentando mantener en forma mi cuerpo para mi esposa.

Él estaba honrando a su esposa incluso con la forma en la que comía. Vivía de forma intencional para honrarla.

Los hombres de verdad honran a sus esposas.

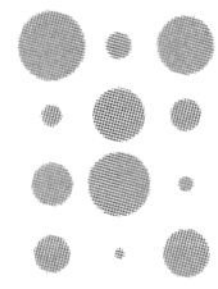

24

REFLEXIONES PARA LOS SOLTEROS

Varones, esta es la realidad: Todos nosotros comenzamos solteros la vida y muchos de nosotros llegaremos al final solteros también. El hombre de Dios que ha recibido el don de la soltería puede tener una vida plena y trascendental, incluso si nunca se casa ni cría hijos propios. Si este es el llamado de Dios para ti, entonces cúmplelo de buena manera. Jesús vivió una vida de soltero y también lo hicieron otros como Juan el Bautista. Sigue su ejemplo y vive en piedad. Usa tu soltería como una plataforma para hacer avanzar el evangelio de Jesucristo. Las Escrituras son claras: La soltería no es una maldición, sino más bien un nivel de oportunidad que tus amigos casados no pueden gozar. El apóstol Pablo lo explicó de esta manera:

> Quisiera, pues, que estuvieseis sin congoja. El soltero tiene cuidado de las cosas del Señor, de cómo agradar al Señor; pero el casado tiene cuidado de las cosas del mundo, de cómo agradar a su mujer. Hay asimismo diferencia entre la casada y la doncella. La doncella tiene cuidado de las cosas del Señor, para ser santa así en cuerpo como en espíritu; pero la casada tiene cuidado de las cosas del mundo, de cómo agradar a su marido (1 Corintios 7:32-34).

Observa que el soltero tiene un solo enfoque: cómo agradar al Señor. El casado (a veces) vive con una tensión entre agradar al Señor y a su esposa. Este interés dividido es una parte normal de la relación matrimonial y requiere mucha energía y sabiduría. Si eres soltero, utiliza esta etapa con sabiduría y no te dejes llevar por las ambiciones egoístas de los que no conocen a Cristo. En cambio, usa este don para los propósitos de Dios.

PARA LOS JÓVENES

Cuando estaba en el noveno grado, me llamaron a la oficina del director. Yo no tenía ni idea de qué había hecho y estaba asustadísimo. El señor O'Brien me invitó a tomar un asiento y comenzó a platicar de cosas casuales. La curiosidad me estaba matando. Mi mente daba vuelcos y me preguntaba: *Henry, ¿qué hiciste mal?*

Después de una eternidad de cinco minutos, el señor O'Brien comenzó a hablarme de su adolescencia y de sus años universitarios. Me habló de su fe y de su compromiso con Cristo. Luego, me compartió una perla de sabiduría sobre su devoción a su futura esposa. Aún puedo verlo, sentado allí en su escritorio, y aún puedo escuchar sus palabras: "Me propuse que, como soltero, honraría a Dios y a mi futura esposa y que no tocaría ni besaría a otra mujer. Ella sería la primera mujer que besaría; la única mujer que besaría".

Se reclinó hacia adelante en su silla en señal de énfasis, me miró a los ojos y me dijo: "Superé esos años y la única mujer que jamás he besado es mi esposa, Sue. Tus acciones hoy honrarán a Dios y a tu futura esposa, o bien deshonrarán a Dios y a tu futura esposa. Honra a Dios. Hónrala a ella".

Esta clase de consejo puede sonar ridículo en nuestro mundo movido por la lujuria, pero recuerda la sabiduría del señor O'Brien: tus acciones en el presente importan.

Para honrar hoy a tu futura esposa, decide buscar la pureza sexual y guardar tus ojos y tu mente, domina las habilidades que necesitas en el trabajo para poder proveer en lo económico, administra tus finanzas para no ser una carga en su futuro, desarrolla las habilidades necesarias para administrar y reparar tu hogar, adquiere sabiduría para tomar decisiones y para negarte a ti mismo, memoriza las Escrituras y sirve en el ministerio, obtén la sabiduría del cielo respecto al matrimonio y a la vida familiar y lleva una vida de humildad, perdón y servicio hacia los demás.

Si Dios te bendice con una esposa en el futuro, ¿cuándo comenzarás a honrarla? Comienza hoy.

PARA LOS HOMBRES DIVORCIADOS

"Esto no fue lo que soñé para mi matrimonio —dijo Jorge, con lágrimas en sus ojos—. El novio que tuvo Julia en la preparatoria la encontró en redes sociales y la quiere de vuelta. Ella me dijo que llevó una relación íntima con él durante el último año de la preparatoria y en diferentes momentos durante la universidad. La única razón por la que se casó conmigo fue para vengarse de él por serle infiel durante la universidad. Bueno, él se divorció recientemente y quiere que Julia vuelva con él. Le he rogado que considere lo que esto significará para la reputación de Cristo, lo que le hará a nuestro matrimonio y lo que me está provocando a mí. Hoy va a presentar la demanda de divorcio".

Puede que tu historia sea como la de Jorge. No querías divorciarte. Por otra parte, algunos de los que están leyendo estas palabras buscaron e iniciaron el proceso de divorcio. Hay muchas variables detrás de un divorcio, pero permíteme compartirte algunas ideas que pueden ayudarte.

Si tu exesposa no se ha vuelto a casar y tú mismo no te has vuelto a casar, busca reconciliarte con ella. Esto honrará a Dios y a ella. Pide a algunos varones piadosos que se unan a ti para ayunar y orar por la restauración de tu matrimonio. ¡He visto que esto sucede!

Si tu exesposa o tú mismo se han vuelto a casar, primero que nada, comprométete con nunca hablar mal de ella delante de tus hijos y de los demás. Segundo, en cuanto esté a tu alcance, trata con ella en paz. Tercero, nunca busques vengarte. Y cuarto, hónrala con un espíritu de perdón. Esto honrará a Cristo y te pondrá en el mejor lugar para recibir su bendición.

¿Estás soltero de nuevo? ¿Debes volver a casarte? Tal vez. Te animo a buscar consejo sabio de algún pastor piadoso. Cada situación es compleja; la vida es compleja. Al reflexionar sobre Mateo 19 y 1 Corintios 7, me parece claro que volver a casarse es una posibilidad para situaciones donde la inmoralidad o el abandono fueron la causa del divorcio. Si te divorciaste y estás soltero de nuevo, busca consejo sabio, toma tiempo para sanar y usa este tiempo de forma sabia para prepararte para el futuro. Tómate algunos minutos para leer o volver a leer la sección anterior que escribí para los jóvenes. Tú sabrás qué contenido se aplica a ti.

PARA LOS VIUDOS

Proverbios 31:10 dice: "Mujer virtuosa, ¿quién la hallará? Porque su estima sobrepasa largamente a la de las piedras preciosas".

Rogelio lloraba allí frente a mí. Su esposa había partido con Cristo cuatro meses antes. Habían estado casados durante casi 45 años. Sus palabras siguen conmoviéndome: "Estoy tan solo. Ella fue un regalo de Dios para mí". Esta fue precisamente la razón por la que Dios creó el matrimonio en Génesis 2; no era bueno que Adán estuviera solo.

¿Cómo puedes honrar a tu esposa ahora? Primero, Proverbios 31 habla de cómo una mujer piadosa es alabada por su marido y por sus hijos. Te aliento a anotar sus virtudes y sus actos más grandes de fe, de devoción, de amor y de servicio a su Dios. Que estas sean las historias que compartas de ella a tus hijos, nietos y amigos.

Segundo, recuerda que la vida no se ha terminado. En 2019, el Dr. Tony Evans perdió a Lois, su querida esposa, víctima de cáncer. En un artículo en la revista *Decision*, el Dr. Evans describió el regalo que Dios le había dado en Lois y el legado espiritual de ella, que se extiende por todo el mundo. También describió con detalle su experiencia de luto. Es un artículo muy poderoso, pero lo que a mí más me dejó marcado fue cuando el Dr. Evans escribió: "Mi compañera de equipo se ha ido [...], pero yo seguiré bloqueando y tacleando. Extrañaré a mi compañera, pero el partido del reino de Dios debe continuar".[1]

Si tu amada esposa ha partido antes que tú al cielo, entonces, amigo mío, tu partido sigue en marcha. Hónrala con historias de sus actos de fe y hónrala con tu perseverancia en el partido. ¡Levántate, sal al campo y termina la siguiente jugada!

PREGUNTAS DE ESTUDIO

1. ¿Consideras a tu esposa un regalo de Dios? ¿Por qué sí o por qué no?

2. Existen muchas maneras para honrar a tu esposa. Enumera tres formas que significarían algo importante para ella (tal vez debas preguntárselo durante una cena romántica).

3. ¿Cómo debe afectar el temor a Dios tu relación matrimonial? ¿Cuáles son los beneficios inmediatos y eternos de honrar a tu esposa?

4. Cualquier necio puede tener un matrimonio disfuncional. Cualquier necio puede ser infiel. Cualquier necio puede abandonar a su esposa. Los hombres de verdad honran a sus esposas y edifican matrimonios fuertes. ¿Qué clase de hombre quieres ser? ¿Cuáles serán tus siguientes tres pasos para honrar a tu esposa?

5. Si te encuentras soltero:

    a. ¿Cómo puedes tú, como soltero, honrar a tu futura esposa? ¿Cuáles son las tres formas más sencillas en las que puedes honrarla hoy? ¿Cuáles son las tres más difíciles? ¿Por qué es esto importante?

b. ¿Cómo puede un viudo honrar a su esposa? Comparte algunos ejemplos.

c. ¿Por qué debería el soltero pensar en cómo honrar a su futura esposa? ¿Forma esto parte de "los hombres de verdad buscan el éxito bíblico"? ¿Por qué sí o por qué no?

PARTE 10:

LOS HOMBRES DE VERDAD INSTRUYEN A SUS HIJOS

Los hombres de verdad asumen la responsabilidad de criar y educar a sus pequeños. Ellos saben que deben cumplir el llamado que Dios les ha dado como padres. Esto incluye no provocarlos ni moverlos a ira, sino más bien disciplinarlos e instruirlos en el Señor (Efesios 6:4). (¿No tienes hijos? Revisa el final de la sección para ver cómo se aplica a ti esta parte del Código de los Hombres).

Aquí están dos pasajes que revelan la gran importancia de criar bien a nuestros hijos:

Pero persiste tú en lo que has aprendido y te persuadiste, sabiendo de quién has aprendido; y que desde la niñez has sabido las Sagradas Escrituras, las cuales te pueden hacer sabio para la salvación por la fe que es en Cristo Jesús.

2 TIMOTEO 3:14-15

Corrige a tu hijo, y te dará descanso,
Y dará alegría a tu alma.

PROVERBIOS 29:17

No siempre es posible edificar un futuro para nuestros jóvenes, pero siempre es posible edificar a nuestros jóvenes para el futuro.[1]

FRANKLIN D. ROOSEVELT

Muchos padres piadosos han sido afligidos con hijos malvados; la gracia no se transmite por la sangre, pero sí la corrupción.[2]

MATTHEW HENRY

25

LA DISCIPLINA Y LA INSTRUCCIÓN

La mayoría de nosotros pensamos en un *influencer* como una persona joven y de buen parecer que se ha convertido en un gurú de estilo de vida para cientos de miles (o hasta millones) de seguidores en redes sociales. Pero todos somos *influencers*. Y cada nuevo día nos presenta nuevas oportunidades para influenciar a otros, en especial a nuestros hijos, para Dios.

En el caso de Jera y mío, nuestros hijos se han ido ya de casa. Sin embargo, la responsabilidad de influenciar a nuestros hijos no se termina cuando el último se marcha para formar su propia vida. Aunque nuestros hijos ya no dependen de nosotros, seguimos influenciando a estos niños de treinta y tantos años a medida que crían a sus propios hijos. Influenciamos también a nuestros nietos. Influenciamos a los niños en nuestra iglesia y hasta a los que vemos en la fila del supermercado.

La influencia más profunda de un padre sucede en casa. Los hombres de verdad instruyen a sus hijos.

EL ROL ÚNICO DE UN PADRE EN LA ENSEÑANZA

Efesios 5:25 dice: "Maridos, amen a sus mujeres" (NBLA). Unos pocos versículos más adelante, en Efesios 6:4, los hombres reciben otra lección fundamental respecto a la familia. En este caso, se trata del rol del varón en la crianza: "Y *ustedes*, padres, no provoquen a ira a sus hijos, sino críenlos en la disciplina e instrucción del Señor" (NBLA).

Cuando un padre provoca a ira a un hijo, crea en él una frustración profunda y permanente, que puede llegar a durar toda una vida. No instes a tu hijo a la ira, ni por diversión ni como disciplina. El resto del versículo deja claro que los hombres deben disciplinar a sus hijos, pero no jugar con su bienestar emocional. Nunca enardezcas, provoques ni hagas enojar a tus hijos. No seas un bravucón. No los humilles ni los degrades. Cuando un padre hace eso, el dolor puede dañar toda su vida.

Después de decir a los padres lo que no deben hacer, Efesios 6:4 les dice lo que sí deben hacer: "[criarlos] en la disciplina e instrucción del Señor".

Sin importar tu trasfondo económico ni tu cultura, esta es una prioridad para los hombres de verdad. Puede que creas que tu esposa hace un mejor trabajo que tú en disciplinar e instruir a los hijos. Si esto te parece así, entonces escogiste bien a tu esposa. Sin embargo, esto no elimina la responsabilidad única que Dios te ha dado como padre.

Algunas tareas pueden delegarse al padre o a la madre, dependiendo de quién sea mejor en realizarla. Esta no es el caso. Ambos padres deben encargarse de esto, en especial el padre. Debes asumir tu responsabilidad en este punto. Dirige, enseña y alienta a tus hijos con el objetivo de ayudarlos a convertirse en seguidores de Jesús.

La disciplina

La palabra original en griego que utiliza el Nuevo Testamento y que se traduce "disciplina" transmite la idea de dar instrucción y de ejecutar una consecuencia apropiada por la desobediencia. Si tus hijos no enfrentan consecuencias por sus acciones equivocadas hoy, entonces, un día, ellos (y la sociedad) enfrentarán las consecuencias de tu fracaso. Satanás está buscando a tus hijos. Si los crías sin imponerles consecuencias, estarás dando un gran paso en entregárselos a él.

Cuando Jera y yo tuvimos nuestro primer hijo, yo todavía estaba en el instituto bíblico. Entre nuestros mejores amigos se encontraba otra pareja joven casada que tuvo su primer hijo también alrededor de esas mismas fechas. Un día, Francisco me dijo: "Hemos decidido criar a nuestros hijos sin decirles jamás que no. Es una palabra demasiado negativa".

Y este hombre estaba en el *instituto bíblico*... Yo le pregunté: "¿Nunca has escuchado lo de: No cometerás adulterio? Ese es un enunciado negativo. De hecho, nuestro Padre celestial nos dice que no en muchas cosas".

Mi amigo me dijo: "Bueno, creo que nunca lo había pensado así".

Un comportamiento positivo merece elogios, pero, cuando hay comportamientos equivocados, debe haber también consecuencias negativas. La Biblia habla con frecuencia de la disciplina de Dios. Hebreos 12:11 dice: "ninguna disciplina al presente parece ser causa de gozo, sino de tristeza; pero después da fruto apacible de justicia a los que en ella han sido ejercitados".

Eso es lo que queremos para nuestros hijos y para el mundo en el que vivirán. Tristemente, estamos viendo hoy los resultados de un mundo donde hay enormes cantidades de niños que nunca han conocido una disciplina amorosa y coherente. Hace un par de décadas, cuando ibas a la tienda, el comportamiento de los niños te asustaba. Bueno, ahora esos niños han crecido y han tenido a sus propios hijos. El problema ha crecido exponencialmente.

Uno nunca ignoraría las necesidades alimenticias ni médicas de un niño. Uno nunca dejaría a su hijo dormir en la calle. Tal negligencia sería infame. Lo mismo sucede cuando ignoramos la disciplina.

La instrucción

En español, la palabra instrucción suele tener una connotación positiva. Sin embargo, la palabra griega que se usa en Efesios 6:4, *noudsesía*, tiene connotaciones tanto positivas como negativas. Se refiere a enseñar con advertencias. Proverbios 13:20 nos da un buen ejemplo de esto: "El que anda con sabios, sabio será; mas el que se junta con necios será quebrantado". Nuestros hijos necesitan esta clase de instrucción. Necesitan que se les enseñe a escoger sus amigos con cuidado. Sus amigos los acercarán a Dios o los alejarán de Él. Una mala compañía los meterá en problemas (1 Corintios 15:33), de manera que necesitan ser sabios.

La terminología de Efesios 6:4 es intencional. Padres, instruyan a sus hijos. No los provoquen a ira. No los dejen para aprender todo por su propia cuenta. No los abandonen en los momentos más importantes de la vida. Instrúyanlos. Entrénenlos. Disciplínenlos. Enséñenles. Cuando se van por el camino equivocado, sean constantes en imponerles consecuencias.

Uno de mis hijos tenía problemas con la ira cuando era pequeño. Así que memorizamos varios proverbios juntos. Cuando su ira comenzaba a aumentar, yo lo miraba y le decía: "¿Cuál es tu versículo?". Entonces, él me recitaba, por ejemplo, Proverbios 29:11: "El necio da rienda suelta a toda su ira, mas el sabio al fin la sosiega".

Luego, yo le preguntaba: "¿Qué tipo de hombre quieres ser?" y él me respondía: "un hombre sabio". A veces, cuando perdía la compostura, venían consecuencias. Era importante que enfrentara estas leves consecuencias de mi parte cuando era pequeño para que no tuviera que enfrentar más tarde en la vida las terribles consecuencias que la sociedad impone sobre los hombres que pierden el control.

"DEL SEÑOR"

¿De qué clase de disciplina e instrucción estamos hablando? De la "disciplina e instrucción *del Señor*". Esa es la clave.

Tu trabajo como disciplinador en jefe pasará conforme avancen los años. Cuando tus hijos lleguen a la edad adulta, ya no los mandarás a la esquina ni les darás un tiempo para pensar a solas en su cuarto. Espero que sigas siendo una fuente de sabiduría, pero tu trabajo como maestro se desvanecerá. Tu relación no terminará cuando sean adultos. Entonces, ¿qué quedará? ¿Sobre qué estará fundamentada su relación?

A través de los años, he hablado con incontables hombres que estaban agradecidos por el fútbol o por algún otro deporte porque les daba la oportunidad de conversar sobre algo con su padre. Me alegra que compartan algo en común, pero también me parece triste. Cuando un hombre me dice esto, escucho en sus palabras una profunda soledad. Cuando tus hijos e hijas crezcan, si quieres tener con ellos en común algo más que los deportes, comienza a tener algo más en común con ellos ahora.

No hay mejor manera de hacer esto que forjar un interés mutuo en aprender sobre las cosas de Dios. Todo comienza con comprometerte a instruir a tus hijos en el Señor.

26

DOCE ÁMBITOS DE LA INSTRUCCIÓN

Aquí tienes doce ámbitos en los que puedes instruir a tus hijos:

INSTRUYE A TUS HIJOS

1. Muéstrales las maravillas de Dios

Cuando interactúes con tus hijos, haz tu máximo esfuerzo por asegurarte de que vean el mundo natural que Jesús ha creado. Aunque la tecnología moderna tiene mucho que nos asombra, nos muestra más bien la gloria, la ingeniería y la sabiduría del hombre. No me malentiendas: la tecnología puede ser asombrosa. No obstante, las innovaciones humanas siempre palidecen cuando las comparamos con las obras de Dios.

Permíteme darte un ejemplo. Mateo 24:1 nos dice que "cuando Jesús salió del templo y se iba, se acercaron sus discípulos para mostrarle los edificios del templo". Herodes el Grande renovó el templo durante muchos años y lo convirtió en una estructura majestuosa. Sin embargo, él fue un hombre perverso y sanguinario. Aunque la obra de Herodes en el templo fue fantástica, cuando la comparamos con la obra creativa de Aquel que formó los anillos de Saturno, deja de ser tan impresionante.[1]

Salmos 111:2 afirma: "Grandes son las obras de Jehová, buscadas de todos los que las quieren". Lleva a tus hijos a la naturaleza. Dales unos binoculares o unos bastones de senderismo. Señala hacia la tierra, el agua y el cielo. Diles: "¡Miren lo que Dios ha creado!". Deléitate con ellos en la creación de Dios. Ninguna tecnología humana puede compararse con esto. Ofréceles a tus hijos encuentros cercanos con la obra de las manos del Señor.

2. Muéstrales momentos divinos

Si eres seguidor de Jesucristo, entonces tienes una historia y un testimonio. ¿Conocen tus hijos esa historia? ¿Está trabajando Jesús de forma constante en tu vida? ¿Tus hijos lo saben? No estoy hablando de momentos religiosos. Más bien, estoy hablando de comunicar con fidelidad a tus hijos esas historias de tus encuentros con Dios: de cómo has caminado con Él y de cómo has visto su obra en tu vida. ¿De qué maneras has visto a Dios contestar tus oraciones y de qué formas ha provisto para ti?

Deuteronomio 6:6-9 nos manda:

> Y estas palabras que yo te mando hoy, estarán sobre tu corazón; y las repetirás a tus hijos, y hablarás de ellas estando en tu casa, y andando por el camino, y al acostarte, y cuando te levantes. Y las atarás como una señal en tu mano, y estarán como frontales entre tus ojos; y las escribirás en los postes de tu casa, y en tus puertas.

Suponemos que nuestros hijos obtienen información sobre Dios por su propia cuenta, pero ¿cómo sabremos qué cosas están aprendiendo si no nos involucramos en su proceso de aprendizaje? No debemos entregar los momentos de instrucción más importantes de su vida a otros ni tampoco a lo que ellos mismos puedan (o no) percibir de nosotros.

¿Qué aprenden tus hijos de las palabras que pasan por tus labios? Efesios 4:29 dice: "Ninguna palabra corrompida salga de vuestra boca, sino la que sea buena para la necesaria edificación, a fin de dar gracia a los oyentes". Esto incluye las conversaciones en tu propio hogar. Salmos 119:46 dice: "Hablaré de tus testimonios delante de los reyes, y no me avergonzaré". Si hablamos de los testimonios de Dios delante de los reyes, ciertamente podemos hacerlo delante de nuestros hijos.

La generación de Israel que salió de Egipto presenció milagros asombrosos. Vieron el Mar Rojo abrirse en dos. Vieron fuentes de aguas salir del desierto. Comieron el maná del cielo. Pero, antes de todo esto, vieron las plagas en Egipto y estuvieron allí aquella primera Pascua cuando la muerte pasó por sobre los hogares que tenían los marcos de la puerta pintados con la sangre de un cordero. Dios mandó al pueblo de Israel no solo recordar estos acontecimientos, sino también contárselos a sus hijos. En Deuteronomio 4:9, Dios dijo: "Por tanto, guárdate, y guarda tu alma con diligencia, para que no te olvides de las cosas que tus ojos han visto, ni se aparten de tu corazón todos los días de tu vida; antes bien, las enseñarás a tus hijos, y a los hijos de tus hijos".

¡Esa también es responsabilidad nuestra! Debemos enseñar las cosas de Dios a nuestros hijos y nietos. No podemos mantenerlas en secreto. Debemos hablar de ellas intencionalmente. No asumamos que ya las conocen. Saquémoslas a la luz de forma deliberada.

3. Haz que Jesús se convierta en la historia principal

La muerte, sepultura y resurrección de Jesús deben estar en el centro de nuestras conversaciones cotidianas como cristianos. Puede que hablemos sobre algún partido de fútbol o sobre algún viaje reciente, pero es vital que nuestras conversaciones estén centradas en Jesús.

¿Recuerdas a los dos discípulos que viajaban por el camino a Emaús (Lucas 24:13-35)? No estaban conversando sobre política. Había cosas más transcendentales en juego: estaban desanimados por la crucifixión de Jesús. Cuando Él se les unió en su viaje, al principio no se dieron cuenta de quién era. Sin embargo, la conversación que tuvieron con este Amado Extraño giró toda en torno a Jesús. Luego, sus ojos fueron abiertos... ¡y reconocieron al Jesús resucitado! Entonces, Él desapareció de su vista.

Cuando los dos discípulos regresaron a Jerusalén, estaban tan entusiasmados que su conversación no se desvió hacia temas menos importantes. Jesús todavía está resucitado y esta realidad todavía lo cambia todo. También nosotros deberíamos entusiasmarnos.

4. Llámalos al sacrificio

Los niños quieren vivir para algo más grande que ellos mismos. La sociedad les enseña que ellos son el centro de todo, pero, en su corazón, saben bien que hay algo más. Y lo anhelan. Miran al mundo donde reina la gratificación personal y se preguntan: "¿Acaso no hay algo más que esto?".

Asegúrate de que tus hijos entiendan que el evangelio no es un pasatiempo en el que participamos brevemente los domingos por la mañana. Asegúrate de que sepan que el llamado de Jesús es para la totalidad de su vida. Necesitan saber que ayudar a otros no es algo vano. El ser humano es importante… y no solo como una causa en un movimiento social. Dios hizo al ser humano a su propia imagen y el Hijo de Dios entregó su vida por la humanidad.

¿Sientes una carga por ayudar a alimentar a los niños en África? Haz que tus hijos participen. Hay mucho que pueden hacer. Echa a volar tu creatividad. Encuentra maneras para que ellos se unan al esfuerzo y sacrifiquen su tiempo y dinero en pro de ministerios significativos. Hazlos sentir parte del equipo. Ensancha su alma.

5. Enséñales a buscar la dirección del Señor en las cosas cotidianas

La Biblia importa. Importa todo el tiempo y en cada parte de la vida de tus hijos. La oración importa. Filipenses 4:6 nos exhorta: "No se preocupen por nada; en cambio, oren por todo" (NTV). ¿Acaso nos dice Dios que no debemos hacerle perder el tiempo con las pequeñas preocupaciones de la vida? No. Su Palabra es clara. Si algo te preocupa, ora por ello. Incluso las cosas cotidianas le importan a Dios. Que tus acciones y palabras ejemplifiquen y enseñen estas verdades a tus hijos.

6. Ayúdalos a disfrutar del Equipo de Jesús

Amplía el horizonte de tus hijos. Asegúrate de que sepan que el Equipo de Jesús, la iglesia, el cuerpo de Cristo, es mucho más grande que tu familia inmediata y que es el equipo de ellos también. Como seguidores de Jesús, tenemos familia en todas las ciudades del mundo.

El problema se da cuando tus hijos no saben nada del Equipo de Jesús. O, peor aún, cuando lo único que escuchan al respecto son tus quejas. Satanás es el acusador del Equipo (Apocalipsis 12:10). Cuando nos criticamos constantemente entre cristianos, estamos siguiéndole el juego a Satanás. Él quiere robar, matar y destruir; quiere dañar a tus hijos. En cambio, Jesús vino "para que tengan vida, y para que la tengan en abundancia" (Juan 10:10).

Ayuda a tus hijos a disfrutar del Equipo de Jesús y a entusiasmarse con sus compañeros de equipo.

7. Enséñales a deleitarse en adorar a Jesús

La adoración es una actividad 24/7. En 1 Corintios 10:31 se nos dice: "Si, pues, coméis o bebéis, o hacéis otra cosa, hacedlo todo para la gloria de Dios". La adoración es "todo" lo que hagamos con el objetivo de honrar a Dios. Esta puede darse a través de cualquier actitud, palabra y acto piadoso.

Enseña a tus hijos que obedecer a sus padres con la actitud correcta es adorar al Señor. Realizar quehaceres domésticos, hacer la tarea escolar y cuidar de sus hermanos puede y debe hacerse con un espíritu de adoración. Anímalos a hacer estas cosas con excelencia en el nombre de Jesús. Tristemente, pocos cristianos piensan o viven así. Ayuda a tus hijos a hacer de esto un patrón temprano en su vida. Cualquier otra cosa es robarle a Dios la gloria que se merece.

8. Ayúdalos a aceptar los valores de Jesús

Es poco probable que los niños escuchen de los Diez Mandamientos en la escuela pública. El mundo no entiende las inmensas implicaciones históricas de estos mandamientos, mucho menos sus tremendas implicaciones morales. Padres, necesitamos enseñar todo esto en casa. Ayúdalos a memorizar los Diez Mandamientos. Ayuda a tus hijos a fundamentar su entendimiento del bien y del mal, de la verdad y del error, en la Palabra eterna de Dios. Enséñales a poner por obra los mandamientos de Cristo.

9. Ejemplifícales la práctica de someterse a Jesús

Someternos a Jesús implica arrepentimiento y confesión ante el Señor y ante los demás; esto significa reconciliación y restauración. En la iglesia actual, encontramos a muchos que nunca o casi nunca confiesan sus pecados a Dios porque piensan que todo está bien. La escuela, la música y la televisión les enseñan a sentirse bien consigo mismos sin importar nada. Es fácil racionalizar el pecado ("Lo hice por tal motivo"), compararlo ("Al menos no soy tan malo como fulanito de tal") y suavizarlo (porque, después de todo, Dios es un Dios de amor y *es* amor).

Tus hijos necesitan entender la importancia de arrodillarse delante de Dios en honestidad y humildad y decir: "He pecado", para luego presentarle los detalles y pedirle que los ayude a cambiar. Esta clase de rendición nos da poder. Nos ayuda a mantener libre la comunicación entre nosotros y Dios. Y nos ayuda a entender el poder de la confesión en la restauración de otras relaciones.

10. Ayúdalos a vivir para honrar a Jesús

Acéptalo: tus hijos vivirán para algo. Se comprometerán y se apasionarán con algo. Ayúdalos a que ese algo sea Jesús. Filipenses 1:21 dice: "Para mí el vivir es Cristo, y el morir es ganancia".

Qué gran diferencia cuando un niño o un adulto se da cuenta de esto: *Mi vida va más allá de mí mismo. Mi vida pertenece a Jesús.*

11. Recuérdales que Jesús tiene cuidado de ellos

En 1 Pedro 5:7 se nos dice: "echando toda vuestra ansiedad sobre él, porque él tiene cuidado de vosotros".

Muchos jóvenes cristianos consideran a Jesús como un Señor infeliz y gruñón que los vigila para atraparlos cuando se equivocan. Olvidan (o nunca han escuchado) que pueden echar sobre Él todas sus ansiedades porque Él los ama. Debemos enseñar a nuestros hijos esta verdad consoladora.

12. Espera que vivan conforme al llamado de Jesús

Espera que tus hijos vivan para la gloria de Dios. Algunos dicen: "No puedes esperar demasiado de tus hijos". Cada vez más, las escuelas y la sociedad nos dicen que debemos bajar nuestras expectativas de los niños. Los mal llamados expertos nos dicen que debemos esperar fracasos morales tremendos cuando los jóvenes llegan a la preparatoria.

Los niños tienden a vivir conforme a nuestras expectativas, ya sea para bien o para mal. Debes entender que no serán perfectos, pero sí debes comunicarles que esperas buenas cosas de ellos. Infunde en tus hijos el deseo y la motivación para vivir conforme al llamado de Jesús.

FORJA UN LEGADO

Estoy aquí para decirte que puedes esperar buenas cosas de tus hijos y de tus nietos. Enséñales el Código de los Hombres a un nivel adecuado para su edad. Puede que los más pequeños no entiendan todo el libro por completo, pero sí pueden entender los puntos principales. Cuando cada uno de nuestros nietos cumplió ocho años, Jera y yo les dimos una copia enmarcada del Código de los Hombres con algunas fotos del niño conmigo y con su padre (mi hijo y mi yerno, respectivamente). Ahora, son parte de un legado de tres generaciones de hombres que conocen y aplican el Código de los Hombres. Es nuestro regalo para ellos y con él les comunicamos: "Así es como esperamos que vivan. Como hombres de verdad. Dios lo espera de ustedes y nosotros también". Puede que no tengas un legado de tres generaciones, pero puedes comenzar ahora mismo. Comienza CONTIGO mismo... comienza hoy.

La vida en familia puede ser muy divertida. Criar hijos es uno de los placeres más grandes que existe. Sin embargo, la vida no es un juego. Proverbios 14:12 dice: "Hay camino que al hombre le parece derecho; pero su fin es camino de muerte". Este mundo enseña a los niños que la verdad absoluta no existe, sino que cambia con el tiempo o que es subjetiva ("tu verdad es tu verdad y mi verdad es mi verdad"). Esto los relega a la oscuridad y los obliga a andar por la vida a tientas. Debemos enseñar a nuestros hijos que Dios ha provisto su Palabra inmutable, eterna y poderosa como luz para sus pies, de manera que sepan cómo andar por la vida (Salmos 119:105).

Hermano, no te equivoques en esto. Apropíalo, vívelo y enséñalo a tus hijos… y espera que dé fruto en ellos también. Sé un buen mayordomo de tu mente y de tu tiempo; estudia los caminos de Dios. Luego, sé un buen mayordomo de ese conocimiento al poner en práctica lo que sabes y al enseñarlo a tus hijos. Los hombres de verdad instruyen a sus hijos.

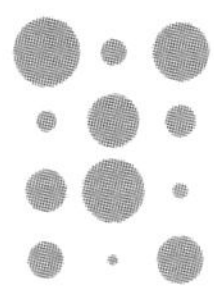

27

¿NO TIENES HIJOS? PIENSA MÁS ALLÁ

Puede que te estés preguntando: *¿Qué pasa si no tengo hijos?* Buena pregunta.

LOS HIJOS FÍSICOS

Yo confié en Cristo a principios de mi adolescencia. Al leer el libro de Proverbios una y otra vez, me di cuenta de que la sabiduría de Dios ayuda al joven a prepararse para todas las fases futuras de la vida: el matrimonio, los hijos, los nietos, etcétera. Trágicamente, muchos cristianos en la actualidad han aceptado la locura de pensar únicamente en el presente (podríamos decir, de vivir en una sola dimensión) y de avanzar por la vida una jugada a la vez. Yo llamo a esto: vivir como un jugador de damas.

Sin embargo, Dios quiere que pensemos en el futuro. Él nos llama a ser jugadores de ajedrez. Mira hacia adelante y planea las jugadas con la guía de su sabiduría. Los jugadores de ajedrez siempre están pensando cuatro o cinco movimientos por delante. También tienen un plan para el medio juego y un plan para el final. Esto es lo que hacen los hombres sabios en la vida. Siempre piensan en el futuro::

- ¿Con qué clase de mujer debo casarme? (ver Proverbios 31).
- ¿A qué clase de mujer debo evitar? (ver Proverbios 5 y 7).

- ¿Qué debo hacer cuando me tienta la ira y tengo ganas de despotricar contra los demás? (ver Proverbios 12:16; 15:1; 16:32).
- ¿Qué tipos de amistades debo fomentar o evitar? (ver Proverbios 1).
- ¿Qué tipo de hijos quiero criar? (ver Proverbios 14:6; 21:11; 28:26).
- ¿Qué necesito saber para ser una influencia positiva en mis nietos? (ver Proverbios 13:22).

Dios dice que los que siguen un plan piadoso tienen ventaja en la vida (ver Proverbios 21:5; 22:3). A Satanás le encanta la ingenuidad. Por eso, es importante planificar siempre con anticipación. Aun cuando era demasiado joven para casarme y para tener hijos o nietos, comencé a planificar de qué forma criaría a los hijos o nietos que Dios me confiaría en el futuro.

Dios puede bendecirte con hijos biológicos propios, puede bendecirte con una esposa en el futuro que tenga hijos ya, o puede bendecirte con hijos adoptivos. Él puede bendecirte con las tres cosas, así que prepárate desde ahora. La vida no es un juego de damas; es un juego de ajedrez.

LOS HIJOS ESPIRITUALES

La Biblia no dice que el apóstol Pablo tuviera hijos, y sabemos que, al menos cuando escribió el Nuevo Testamento, era soltero. Sin embargo, sí tenía un hijo espiritual: Timoteo. Estas fueron las tiernas palabras que le escribió:

> A Timoteo, amado hijo: Gracia, misericordia y paz, de Dios Padre y de Jesucristo nuestro Señor.
>
> Doy gracias a Dios, al cual sirvo desde mis mayores con limpia conciencia, de que sin cesar me acuerdo de ti en mis oraciones noche y día; deseando verte, al acordarme de tus lágrimas, para llenarme de gozo (2 Timoteo 1:2-4).

Hechos 16 nos narra cómo Pablo conoció a Timoteo durante su segundo viaje misionero y lo invitó a acompañarlo en este. Timoteo era un joven que tenía una madre y una abuela maravillosas que le habían enseñado las Escrituras. Su padre biológico era griego, aparentemente incrédulo y, por lo que vemos en el texto, había abandonado a su familia. Pablo tomó a este joven bajo sus alas y, al hacerlo, transformó el mundo.

Al igual que Timoteo, cuando yo era joven, varios grandes hombres de Dios me tomaron bajo sus alas. Estos dejaron en mi vida marcas piadosas y, como resultado, ahora los considero padres espirituales. Oro para que mi servicio al Señor hoy los deleite y los anime.

Hermano, busca hijos espirituales. Invierte en la vida de esos jóvenes que Dios ha puesto en tu vida. Los encontrarás en tu iglesia, en tu familia extendida, en tu trabajo y en tu vecindario. Instrúyelos en las cosas de Dios. Muéstrales cómo vive y muere un hombre de verdad.

Mi esperanza es que Dios te otorgue muchos hijos espirituales. El apóstol Juan tuvo muchos hijos así y les escribió estas poderosas palabras: "No tengo yo mayor gozo que este, el oír que mis hijos [espirituales] andan en la verdad" (3 Juan 4).

Los hombres de verdad instruyen a sus hijos.

PREGUNTAS DE ESTUDIO

1. ¿Has compartido personalmente el evangelio de Jesucristo con tus hijos? ¿Por qué sí o por qué no? ¿Les has rogado que pongan su fe en Jesús? ¿Qué te impide hacerlo?

2. ¿Tus hijos están más cerca o más lejos de Dios por causa de tu influencia? Explica. ¿Cómo puedes ayudarlos a acercarse más a Dios?

3. No podrás enseñar una pasión por Cristo si tú mismo no la tienes. En una escala del 1 al 10, ¿cuán fuerte es tu pasión por Jesús? ¿Qué calificación te asignarían tus familiares, tu esposa o tus hijos? Sé honesto. ¿Cómo te hace sentir este número? ¿Qué puedes hacer hoy para elevar el estándar?

4. ¿Tus hijos pueden recitar de memoria los Diez Mandamientos? ¿Pueden detenerse en las situaciones de la vida en la televisión, en la escuela, en los juegos y aplicar su significado? ¿Por qué sí o por qué no? ¿Qué puedes hacer para ayudarles?

5. Si tienes hijos, imprime las doce prioridades que componen el Código de los Hombres y comienza a memorizarlas con ellos. (Encontrarás la lista en la página 23 y, de nuevo, al final

del libro). Haz del Código de los Hombres una parte regular de tu vocabulario. Tanto tus hijos como tus hijas lo necesitan.

6. Si no tienes hijos:

    a. ¿De qué forma te estás preparando ahora para los hijos que Dios puede darte en el futuro? ¿De qué manera los instruirás para que amen a Dios, el evangelio y al pueblo de Dios? ¿Qué les enseñarás respecto a la moralidad, la sexualidad, el matrimonio, las finanzas, la ofrenda, las inversiones, la generosidad y el servicio? ¿Cómo los disciplinarás? ¿Qué herramientas necesitas comenzar a reunir y que habilidades necesitas desarrollar para hacer un buen trabajo en esto?

    b. ¿Quién es tu padre espiritual? ¿Quién te llevó a Cristo? ¿Quién te dio tu primera Biblia? ¿Quién te ayudó a memorizar tu primer versículo?

    c. ¿A quién has llevado tú a Cristo? ¿A quién estás recogiendo y llevando a la iglesia, al campamento bíblico o al retiro de varones? Si no tienes hijos espirituales hoy, ¿te lamentarás de ello en el futuro? ¿Qué te lo está impidiendo? Sé honesto.

PARTE 11:

LOS HOMBRES DE VERDAD NO ABANDONAN A SU FAMILIA

El dolor del divorcio o del abandono afecta a todos en algún punto y de alguna manera. Debemos enfrentarlo a la luz de las Escrituras. Los votos matrimoniales son reales. Los hacemos en presencia de Dios y, por lo tanto, debemos tomarlos en serio. Nunca debemos tomar a la ligera las promesas que hacemos en nuestra boda. Los hombres de verdad cumplen su promesa de fidelidad a su esposa y a sus hijos. Nuestro fiel Dios nunca nos abandona y nos llama a ser como Él.

Como nota al margen, a veces pensamos que un hombre solo abandona a su familia cuando la pareja tiene hijos. Sin embargo, incluso si no los tienes, sí tienes una familia. Tú y tu esposa son una familia. Si la abandonas a ella, también estarás abandonando a tu familia.

Jehová ama la rectitud,
Y no desampara a sus santos.
Para siempre serán guardados;
Mas la descendencia de los impíos será destruida.

SALMOS 37:28

Cuando a Dios haces promesa, no tardes en cumplirla; porque él no se complace en los insensatos. Cumple lo que prometes. Mejor es que no prometas, y no que prometas y no cumplas.

ECLESIASTÉS 5:4-5

Un hombre con buenas intenciones hace promesas. Un hombre con un buen carácter las cumple.[1]

RONALD OLIVER

28

NADIE SE QUEDA ATRÁS

El ejército de Estados Unidos tiene un equipo especial de soldados: la patrulla de reconocimiento de largo alcance, o equipos LRRP (por sus siglas en inglés). Estos equipos se introducen detrás de las filas enemigas. Se infiltran en el patio trasero del enemigo, descubren lo que está sucediendo allí y lo informan al puesto de mando. En Vietnam, varios LRRP, como la fuerza de combate Tigre, tenían la responsabilidad de "vencer a las guerrillas en su propio juego".

Estos soldados atraviesan un proceso de entrenamiento tremendamente complicado. Trabajan en equipo bajo condiciones extremas y peligrosas. Los miembros de un equipo LRRP están inmensamente comprometidos entre sí. Su código es: "Un LRRP no deja atrás a otro LRRP". No importa lo que suceda allá afuera. Nadie se queda atrás. Nadie termina olvidado. Todos dedican su vida a este código.

Dios quiere esta clase de compromiso en el matrimonio. Los hombres de verdad no abandonan a su cónyuge.

No todos desean oír esto, en especial los que ya han atravesado un divorcio y no quieren revivir el dolor. Créeme, los pastores que hacemos consejería conocemos plenamente este dolor. Extrañamente, la persona que siente más dolor y culpa por un divorcio es la que menos lo provocó.

Para muchos, la fuente de ese dolor sigue generando estragos después del divorcio y, aunque a los pastores no nos gusta hacer sufrir a la persona, si logramos que esta hable del dolor, podemos ayudar a que aminore y evitar que otros lo sufran.

Mientras tanto, debemos seguir adelante. ¿Cómo? Debemos confesar el pasado, abandonarlo y avanzar en el nombre de Jesús.

SORPRENDIDA EN EL ACTO

Juan 8 nos narra la historia de cuando Jesús llegó al templo de Jerusalén una mañana temprano. La gente lo vio, se reunió a su alrededor y Él comenzó a enseñar. De pronto, un alboroto lo interrumpió. Un grupo de líderes religiosos llevaron al frente a una mujer y la echaron a los pies del Señor. "Maestro —le dijeron a Jesús—, esta mujer fue sorprendida en el acto de adulterio. La ley de Moisés manda apedrearla; ¿tú qué dices?" (vv. 4-5, NTV).

Poco tenía que ver esto con la mujer. Ella era tan solo un peón en las manos de estos hombres malvados. En cambio, era un ataque contra Jesús, una trampa. Si Él no mandaba apedrearla, parecería estar contradiciendo la ley de Dios (Levítico 20:10). Si mandaba hacerlo, estaría quebrantando la ley romana (Juan 18:31).

Sin embargo, para Jesús, había algo más en juego: la gloria de Dios, la ley, el perdón, la redención *y* la mujer. Reconoció que ella era una persona real y necesitada, una persona humillada por causa de su pecado y aterrada por culpa de sus acusadores. Ella necesitaba redención y redirección en su vida.

Hay una omisión interesante en el anuncio de los líderes religiosos a Jesús. ¿Dónde estaba el hombre? Los líderes testificaron que la mujer había sido "sorprendida en el acto mismo de adulterio" (Juan 8:4). Si la sorprendieron en el acto, ¿no debieron también haber sorprendido a alguien más con ella?

No nos equivoquemos: la Biblia condena el adulterio. Para proteger a la sociedad de este mal, la ley de Moisés imponía la pena de muerte contra quienes lo cometían. Este no era un pecado casual. No era un acto recreativo ni sin víctimas. Su castigo era literal, pero también simbólico. El adulterio mata. Mata matrimonios, familias, futuros, la paz y el gozo. No es posible cuantificar el daño que provoca el pecado. Este incluye angustia, tristeza, rebeldía, enojo, falta de productividad, desorden y mucho más. El dolor que provoca se desborda hacia la sociedad entera y genera daños grandes y pequeños.

Sin embargo, Jesús no apedreó a la mujer. Tampoco mandó a sus seguidores hacerlo. Él no la humilló ni física ni verbalmente. En cambio, se arrodilló y comenzó a escribir en la tierra. Me imagino a la mujer tirada cerca de Él, en el suelo, llorando en vergüenza y temor. Entonces, ve a Jesús dejar de escribir y ser pregunta cuál será su sentencia.

EL DEDO QUE ESCRIBIÓ

No sabemos qué escribió Jesús. Muchos han especulado al respecto, pero la verdad es que no lo sabemos. Algunos dicen que escribió cosas sobre los acusadores, quizás sus nombres y las fechas de sus propias indiscreciones. Si tuviera que adivinar, pienso que podrían haber sido los Diez Mandamientos:

- No tendrás dioses ajenos.
- No te harás imágenes.
- No tomarás el nombre de Dios en vano.
- Guardarás el día de reposo para santificarlo.

Si mi especulación te parece extraña, considera la verdad más importante respecto a esta situación. Lo más importante no es *lo que Jesús escribió*, sino más bien *quién es Jesús*. ¿De quién fue el dedo que escribió en la tierra aquel día y de quién el dedo que grabó aquellas palabras en la piedra en el monte Sinaí tanto tiempo atrás? El dedo de Dios grabó los Diez Mandamientos y el dedo de Dios escribió en la tierra sobre el monte del templo.

Finalmente, Jesús se levantó. Se volvió hacia los acusadores de la mujer y les dijo: "El que de vosotros esté sin pecado sea el primero en arrojar la piedra contra ella" (v. 7).

Después de decir esto, Jesús volvió a arrodillarse en tierra y siguió escribiendo. Quizás escribió:

- Honrarás a tu padre y a tu madre.
- No matarás.
- No cometerás adulterio.
- No robarás.
- No mentirás.
- No codiciarás.

¿Mentir? ¿Codiciar? Los maestros conocían la ley. Aun en su orgullo, sabían que, tan cierto como esta mujer había cometido el pecado de adulterio, ellos habían cometido los pecados de la codicia y de la mentira. Todos ellos, al igual que ella, eran culpables a los ojos de Dios.

Si la mujer estaba prestando atención, probablemente escuchó pasos detrás de ella... cerca al principio, pero cada vez más lejanos. Al menos por el momento, las palabras de Jesús detuvieron la santurronería de estos hombres, su fervor religioso, su ira y su sed de sangre.

"Enderezándose Jesús, y no viendo a nadie sino a la mujer, le dijo: Mujer, ¿dónde están los que te acusaban? ¿Ninguno te condenó? Ella dijo: Ninguno, Señor. Entonces Jesús le dijo: Ni yo te condeno; vete, y no peques más" (Juan 8:10-11).

Jesús dio la respuesta perfecta en cada punto de la historia, respuestas dignas del Hijo de Dios. Él enfrentó el orgullo pecaminoso de quienes le tendieron la trampa. Mostró misericordia a la mujer y la amó lo suficiente para mandarle vivir de forma piadosa. No contradijo ni la ley de Moisés ni la de Roma. Enseñó a todos una lección inolvidable y, al mismo tiempo, avergonzó a quienes se jactaban de su propia justicia. Finalmente, su declaración no negó su juicio futuro. Incluso frente al altísimo estándar de "el que [...] esté sin pecado" (Juan 8:7), Jesús puede juzgar porque Él sí está sin pecado.

"GRACIAS DOY A DIOS, POR JESUCRISTO SEÑOR NUESTRO"

Jesús juzgará al mundo (Hechos 17:31), pero ese no fue el propósito de su primera venida. Él lo explicó así en Juan 3:17-18: "Porque no envió Dios a su Hijo al mundo para condenar al mundo, sino para que el mundo sea salvo por él. El que en él cree, no es condenado; pero el que no cree, ya ha sido condenado, porque no ha creído en el nombre del unigénito Hijo de Dios".

Hoy, Jesús salva, sana y redime (1 Pedro 3:18). En 1 Juan 2:2 se nos dice: "Y él es la propiciación por nuestros pecados". Esto significa que Él sacrificó su vida como expiación por nuestros pecados. Cuando aceptamos esta provisión para nuestra redención, volvemos a nacer en Cristo (Juan 3:3). Seguimos pecado ocasionalmente, pero su instrucción clara y concisa para nosotros sigue siendo: "Vete, y no peques más".

Dios dio a Pablo una asombrosa comprensión de muchas verdades, pero él seguía pecando. Romanos 7:14-25 expresa el lamento de todo cristiano que lucha contra el orgullo, el egoísmo o la codicia (y que a veces pierde alguna batalla). El versículo 19 afirma: "Porque no hago el bien que quiero, sino el mal que no quiero, eso hago". El versículo 24 agrega: "¡Miserable de mí! ¿quién me librará de este cuerpo de muerte?".

Luego, en Romanos 7:25–8:1 viene la respuesta gloriosa: "Gracias doy a Dios, por Jesucristo Señor nuestro. Así que, yo mismo con la mente sirvo a la ley de Dios, mas con la carne a la ley del pecado. Ahora, pues, ninguna condenación hay para los que están en Cristo Jesús, los que no andan conforme a la carne, sino conforme al Espíritu".

Quizás hayas atravesado un divorcio. Quizás fue tu culpa o quizás no. De cualquier manera, probablemente has luchado con sentimientos de culpa. Si has confesado ya tu pecado y te has apartado de este, pero te encuentras aún con sentimientos de culpa, recuerda las palabras de

Jesús a la mujer descubierta en adulterio: "Ni yo te condeno; vete, y no peques más" (Juan 8:11).

"Ahora, pues, ninguna condenación hay para los que están en Cristo Jesús" (Romanos 8:1). ¿Estás en Cristo Jesús? Entonces Dios ya no te condena. ¿Estás decidido a tener un estándar más alto que el de Dios? Te aseguro que es imposible. Así que deja de condenarte a ti mismo.

Dicho esto, veamos si podemos ayudar a otros a prevenir el mismo dolor.

29

EL DIVORCIO

A pesar de lo que hayas escuchado, las tasas de divorcio entre creyentes no son tan altas como entre la sociedad en general. No debemos tener en cuenta la estadística de personas que dicen ser cristianas. Debemos limitar el recuento a aquellos que manifiestan un comportamiento cristiano elemental. Por ejemplo, ¿asisten a la iglesia con regularidad? En su libro *Christians Are Hate-Filled Hypocrites...and Other Lies You've Been Told* [Los cristianos son hipócritas llenos de odio... y otras mentiras que has escuchado], el sociólogo Bradley Wright explica que, entre aquellos que se identifican como cristianos, pero que casi nunca asisten a la iglesia, el 60% ha vivido un divorcio. Sin embargo, entre asistentes regulares a la iglesia, esta cifra desciende a un 38%.[1]

Este número sigue siendo demasiado alto. Es un síntoma de una iglesia que, con demasiada frecuencia, refleja la cultura, en vez de apartarse de ella. Nuestro matrimonio no debería ser únicamente un poco mejor. Debería ser mucho mejor.

Dios nos llama a defender algo más grande. Para mí, esto es algo real. Es un tema sensible y a flor de piel. Durante mi infancia, mis relaciones familiares requirieron reajustes frecuentes. Imagina a un tío que abandona a su esposa. De pronto, ciertos primos ya no asisten a las reuniones familiares. Una nueva tía entra en escena... pero no sola. Con ella, llegan sus hijos. La tía divorciada también trae a la familia a un nuevo tío, junto con sus hijos. Todo se vuelve sumamente complejo. En lugar de visitar a dos parejas de abuelos (cuatro personas), ahora visitas a cuatro parejas (ocho personas). Las cosas se ponen tensas en situaciones familiares importantes cuando todos están invitados. La conectividad relacional (tan importante para la vida) se degenera. Lo mismo sucede con tu cercanía con las personas. Esto es algo grave.

Dios no es un aguafiestas cósmico. Él ama al ser humano. Él trabaja para proteger su propio nombre y para protegernos de nuestra propia necedad. ¿Alguna vez te han dicho que *no* hagas algo, lo haces de cualquier modo y luego descubres que debiste haber hecho caso? Escucha con atención a Dios desde el principio y evitarás muchos remordimientos dolorosos.

EL VOTO

El matrimonio gira en torno a un voto… no solo a una mujer, sino también delante de Dios. Recuerda que 1 Pedro 3:7 nos dice que los esposos deben dar "honor" a su esposa "para que vuestras oraciones no tengan estorbo".

Malaquías 2:13-14 transmite una idea similar. En estos versículos, Dios dice a los hombres infieles:

> Y esta otra vez haréis cubrir el altar de Jehová de lágrimas, de llanto, y de clamor; así que no miraré más a la ofrenda, para aceptarla con gusto de vuestra mano. Mas diréis: ¿Por qué? Porque Jehová ha atestiguado entre ti y la mujer de tu juventud, contra la cual has sido desleal, siendo ella tu compañera, y la mujer de tu pacto.

Una vez más, vemos una relación entre la forma en la que un hombre trata a su esposa y la forma en la que Dios decide responder a sus oraciones.

En Malaquías, Dios se lamenta de que ciertos varones hicieron promesas a su mujer en su juventud, pero que luego decidieron sustituir el modelo antiguo con uno más nuevo. Cuando una mujer está en el punto más alto de su atractivo, desde una perspectiva mundana, el hombre promete amarla, suplir sus necesidades, cuidarla y protegerla. Unos años más tarde, el hombre se da cuenta de que una mujer más joven y atractiva lo trata como un sujeto inteligente, divertido y guapo… y esto le gusta. Así que decide deshacerse de "la mujer de [su] juventud" y cambiarla por otra nueva.

En efecto, a través del profeta Malaquías, Dios dijo que todo matrimonio es tremendamente importante. El versículo 14 afirma: "Jehová ha atestiguado entre ti y la mujer de tu juventud". Dios escuchó el voto. Cuando hiciste ese voto en presencia de Él, se volvió obligatorio para ti.

Con demasiada frecuencia, las bodas se han convertido en ocasiones para impresionar a los amigos y a los familiares. Se han convertido en un juego donde gana el que más dinero gasta, el que compra el pastel más grande, el que encuentra el lugar más atractivo o el que viaja al destino más exótico. Las bodas se han convertido en una excusa para la parranda… o cosas peores.

Sin embargo, Dios es el testigo principal de toda boda. Que nuestra boda sea una celebración conjunta con Él. Que nuestra boda celebre el matrimonio conforme a la perspectiva de Dios. Él es el testigo principal y, si quebrantas tu voto, deberás responder ante Él.

HASTA QUE LA MUERTE NOS SEPARE

Malaquías 2:14 afirma: "Jehová ha atestiguado entre ti y la mujer de tu juventud, contra la cual has sido desleal". Ser *desleal* significa traición. Significa infidelidad, quebrantar un voto solemne.

Hoy en día, las parejas suelen hacer alteraciones astutas a sus votos. Por ejemplo, muchos cambian el "mientras vivamos" por "mientras nos amemos". Por más listo que suene, Dios no se deja engañar. Él diseñó el matrimonio de por vida… hasta que la muerte nos separe.

Las mujeres solteras que están leyendo este libro deben considerar esto. Si tu prometido quiere decir en sus votos algo como: "Prometo amarte mientras nuestros corazones estén mutuamente unidos", puede que tengas un grave problema. No te cases con un hombre que busque minimizar el compromiso que los votos exigen. Un voto vacío como este significa que, en cuanto ya no sienta ese calor y esas mariposas en el estómago cuando piense en ti, se acabó y se marchará. (Por cierto, esto también se aplica a ti, si tú eres la que quiere editar sus votos de esta manera).

Si te enfermas y él tiene que cuidarte, el señor "Te amo mientras nuestros corazones estén mutuamente unidos" se irá. Si es un hombre que disfruta lo que puedes ofrecerle ahora, incluyendo el sexo, pero tu salud te falla, saldrá corriendo. Debes buscar a un hombre que se mantenga a tu lado en la enfermedad y en la salud. Debes buscar a un hombre de verdad, a un hombre conforme al corazón de Dios.

Los votos matrimoniales más conocidos en español son una traducción de los que se publicaron por primera vez en el *Libro de oración común*: "[...] para tenerte y protegerte de hoy en adelante, para bien y para mal, en la riqueza y en la pobreza, en salud y en enfermedad, para amarte y cuidarte hasta que la muerte nos separe".

Estos votos están fundamentados en las Escrituras.[2]

En Malaquías 2:14, Dios llama a tu mujer "tu compañera". Un compañero es un amigo. Si tu esposa no es tu amiga, entonces tienes trabajo por hacer. Escoge hacerla tu amiga. Un compañero también es un acompañante de viajes, uno que atraviesa a tu lado las dificultades y los peligros de la vida. Cuando la langosta se comió las cosechas, ella estuvo allí, luchando y recogiendo contigo. Cuando el fuego te quitó la casa, también le quitó a ella sus cosas. Cuando la inversión salió mal o el trabajo se terminó, ella ajustó el presupuesto del hogar y, juntos, perseveraron.

Por eso, Proverbios 18:22 dice: "El que halla esposa halla el bien".

Desde el principio, Dios sabía que el hombre necesitaría una compañera especial. En Génesis 2:18, Dios dijo: "No es bueno que el hombre esté solo; le haré ayuda idónea para él".

NO SEAS TRAICIONERO

Ahora bien, ¿serías traicionero con esa compañera, esa ayuda idónea a quien le hiciste votos en presencia del Dios Todopoderoso?

Mientras escribo esto, puedo imaginarme a alguno diciendo: "Sí, pero...". Tal vez estés pensando: *Sí, pero es que ella me vuelve loco. Ella me hace enojar a propósito. Ella siempre me está regañando. Ella gasta dinero a lo loco, despreocupadamente. Siempre que me pongo romántico, a ella le duele la cabeza. A cada año que pasa, me trata peor. Ya no le caigo bien. Es la peor compañera del planeta. No le gusta nada de lo que a mí me gusta. Es muy difícil convivir con ella.*

Incluso si en todas estas cosas tienes razón, hay otro "Sí, pero..." que debería preocuparte más: "Sí, pero... yo hice un pacto delante de Dios".

Deuteronomio 23:21 dice: "Cuando haces voto a Jehová tu Dios, no tardes en pagarlo; porque ciertamente lo demandará Jehová tu Dios de ti, y sería pecado en ti".

El siguiente versículo nos da una alternativa evidente: "Mas cuando te abstengas de prometer, no habrá en ti pecado". Esto es importante. Tener una cita con alguien no es lo mismo que decir: "Hasta que la muerte nos separe". Ten cuidado de a quién le prometes tus votos. El versículo 23 ordena: "Pero lo que hubiere salido de tus labios, lo guardarás y lo cumplirás, conforme lo prometiste a Jehová tu Dios, pagando la ofrenda voluntaria que prometiste con tu boca".

Eclesiastés 5:5 lo pone en términos sencillos: "Mejor es que no prometas, y no que prometas y no cumplas".

Si no quieres cumplir el voto, no te cases. Sin embargo, si te casas, Dios es testigo de ese voto y Él lo toma en serio.

EL DIVORCIO ES UN ASUNTO ESPIRITUAL

¿Por qué la seriedad de los votos matrimoniales y la importancia de cumplirlos? ¿Por qué la gravedad de abandonar a tu familia? El pasaje que hemos estado leyendo en Malaquías dice en dos ocasiones que debemos guardarnos en nuestro espíritu. En Malaquías 2:15-16, Dios dice: "Guardaos, pues, en vuestro espíritu, y no seáis desleales para con la mujer de vuestra juventud. Porque Jehová Dios de Israel ha dicho que él aborrece el repudio, y al que cubre de iniquidad su vestido, dijo Jehová de los ejércitos. Guardaos, pues, en vuestro espíritu, y no seáis desleales".

Debemos entender la dimensión espiritual aquí: "Guardaos, pues, en vuestro espíritu". Cuando un hombre abandona a su familia, el asunto es espiritual.

En Malaquías 2:16, Dios afirma que Él "aborrece el repudio". Cuando Dios aborrece algo, debemos prestar especial atención. La palabra aborrecer expresa una emoción fuerte que llega hasta el corazón. La poderosa expresión de emoción de parte de Dios aquí debe hacer que nos detengamos y nos pongamos alerta. Esto no significa que Dios aborrezca a las personas que han vivido un divorcio. Algunos de los que más aborrecen el divorcio lo detestan por su propia experiencia con él.

¿Por qué usa Dios términos tan fuertes? Porque detesta las mentiras, la traición y la deslealtad. En cambio, se deleita en la verdad y en la lealtad. Su gozo está en verte tener victoria contra el pecado y en que conozcas su bendición. Dios aborrece el divorcio porque nos ama. Él puede ver las olas de dolor que emanan del divorcio, olas que pueden recorrer generaciones enteras. Dios aborrece el divorcio porque ama a los niños y ama también a los padres.

Finalmente, este pasaje nos lleva de vuelta al tema. El versículo 16 dice: "Guardaos, pues, en vuestro espíritu, y no seáis desleales".

Si estás casado, hiciste un voto. Sé fiel a tu Dios. Este es un asunto espiritual. Después de haber trabajado con cientos de parejas, puedo asegurarte que si soportas los problemas de hoy y trabajas en ellos, serás más feliz en dos años que si te divorcias.

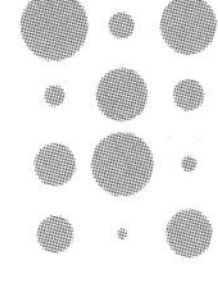

30

"LO QUE DIOS HA UNIDO"

"Pastor Mark, es que no lo entiendes, yo tengo derechos". Escucho estas palabras con frecuencia. Yo sé que tienes derechos, pero tienes que poner esos derechos en contexto.

En repetidas ocasiones, los fariseos intentaron tender trampas a Jesús para que dijera algo que pudieran utilizar en su contra. En Mateo 19, mencionaron el tema del divorcio. Probablemente hicieron esta pregunta porque creían que si quieres que un líder religioso ofenda a uno de dos grupos, lo más fácil es hacerlo hablar sobre el divorcio. Mateo 19:3 nos informa lo que sucedió: "Entonces vinieron a él los fariseos, tentándole y diciéndole: ¿Es lícito al hombre repudiar a su mujer por cualquier causa?".

En aquellos tiempos, el divorcio era un tema polémico. Algunos decían que podías deshacerte de tu esposa porque quemó la comida. Otros pensaban que esta noción era abominable. Todo se reducía a un asunto de derechos. Querían que Jesús definiera los derechos del hombre respecto al divorcio.

El Señor comenzó su respuesta con una pregunta: "¿No habéis leído [...]?" (v. 4). Él les preguntó si habían buscado en las Escrituras. Lo mismo nos pregunta a nosotros: "¿No han leído? ¿Qué dice la Biblia al respecto?".

AL PRINCIPIO

El Señor dijo: "¿No habéis leído que el que los hizo al principio, varón y hembra los hizo, y dijo: Por esto el hombre dejará padre y madre, y se unirá a su mujer, y los dos serán una sola carne?" (vv. 4-5).

¿Creía Jesús en la Biblia? Por supuesto que sí. Por eso dirigía constantemente la atención de las personas hacia ella, como lo hizo aquí. Después de citar el pasaje, Jesús hizo su propio comentario al respecto. Comenzó con estas palabras: "Así que no son ya más dos, sino una sola carne" (v. 6).

Esta afirmación nos lleva de vuelta a Génesis. ¿Cómo pueden dos volverse uno? Una mera institución humana no puede lograr esto. El matrimonio es una obra de Dios. Él es quien los une. La segunda mitad del versículo 6 nos dice algo impactante: "por tanto, lo que Dios juntó, no lo separe el hombre".

Un médico no puede separar a dos gemelos siameses que comparten un solo corazón. El matrimonio debe ser así también. En el matrimonio, Dios crea algo que no existía antes. Lo que Él ha unido no debe separarse. Cuando se separa un matrimonio, resultará doloroso y hasta incapacitante para los individuos implicados.

INSTRUCCIONES ESPECÍFICAS RESPECTO AL MATRIMONIO

A veces, escucho cosas como: "La Biblia es ambigua". Las personas que dicen esto nunca la han leído. Cuando leemos la Biblia, encontramos puntos específicos de acción, como los que vemos en 1 Corintios 7:1-17. Estas no son solo instrucciones generales; son tremendamente específicas. No podemos revisarlas todas, pero veamos algunas de las más importantes.

Los versículos 1 al 7 describen cómo debe funcionar la relación matrimonial. En Corinto, algunos enseñaban que el celibato en el matrimonio te volvía más espiritual. Esto puede sonar etéreo o muy santo, pero es erróneo. Veamos el versículo 5: "No os neguéis el uno al otro, a no ser por algún tiempo de mutuo consentimiento, para ocuparos sosegadamente en la oración; y volved a juntaros en uno, para que no os tiente Satanás a causa de vuestra incontinencia".

No puedo decirte cuántas veces durante los últimos 30 años ha llegado alguien a decirme: "Yo empujé a mi cónyuge a los brazos de otra persona". Esta no es una excusa para la infidelidad. Más bien, es una advertencia. No pruebes la determinación de tu cónyuge al negarle el sexo dentro del matrimonio.[1]

En el versículo 8, Pablo recomienda que los solteros y las viudas no busquen el matrimonio. Sin embargo, en el versículo 9, reconoce que esto no funciona para todos: "pero si no tienen don de continencia, cásense, pues mejor es casarse que estarse quemando".

Los versículos 10-11 afirman: "Pero a los que están unidos en matrimonio, mando, no yo, sino el Señor [en referencia a las palabras de Jesús en Mateo 19]: Que la mujer no se separe del marido; y si se separa, quédese sin casar, o reconcíliese con su marido; y que el marido no abandone a su mujer".

¿Qué significa esto? Cumple tus votos. No abandones a tu esposa. Si ambos son creyentes en Cristo y están casados, hicieron un pacto delante de Dios y Él lo toma en serio. Tú no tienes el "derecho" de hacer lo que te plazca. En cambio, tienes el deber y la obligación de seguir al Dios vivo y de honrarlo. La obediencia a Dios es más importante que los derechos.

Quizás te convertiste después de casarte y tu cónyuge todavía es incrédulo. Observa los versículos 12-13:

> Y a los demás yo digo, no el Señor [es decir, que Jesús no dio instrucciones específicas al respecto]: Si algún hermano tiene mujer que no sea creyente, y ella consiente en vivir con él, no la abandone. Y si una mujer tiene marido que no sea creyente, y él consiente en vivir con ella, no lo abandone.

La prioridad de Dios sigue siendo la preservación del matrimonio. Si estás soltero y estás considerando el matrimonio, no te cases con alguien que esté buscando la cláusula de excepción. Aun así, es importante saber que el Nuevo Testamento sí da dos cláusulas de excepción: el adulterio y el abandono.

En todos los casos, nuestras prioridades deben alinearse con las de Dios. Los hombres de verdad no abandonan a su familia. No abandonan a su esposa. No abandonan a sus hijos.

OBSERVACIONES

Primero, ¿por qué fue Dios tan enfático en este tema? Porque Él es fiel. Dios no incumple sus promesas. Sus palabras reflejan su carácter perfecto. Él no está buscando una excusa para deshacerse de ti ni para descartarte. Su insistencia en cumplir los votos matrimoniales refleja su carácter. Tú no puedes cambiar el pasado, pero sí puedes encontrar el camino que honre a Jesús de aquí en adelante.

Segundo, ¿qué pasa si vengo de una familia donde el divorcio es común? Mis amigos suelen decirme: "En mi familia, hay un ciclo continuo de divorcios". Esto también fue así en mi familia, pero me dije a mí mismo: "Ya basta. Quiero seguir a Jesús y, con su ayuda, poner fin a este ciclo ahora". Jera y yo llevamos 35 años casados. Dios es lo suficientemente grande como para romper cualquier ciclo.

Tercero, ten cuidado con quién te casas. Las relaciones son complejas y las personas cambian con el tiempo. Repite una y otra vez a tus hijos, a tus nietos, a tus vecinos y a tus amigos: "Ten cuidado con quién te casas". No te cases con alguien sin considerarlo bien. No te cases con alguien que no se toma en serio los votos. Tampoco te cases con alguien con la idea de que tú puedes cambiarlo. Lo más probable es que nunca cambiará.

Dios aborrece el divorcio, pero vivimos en un mundo lleno de pecado. A veces, un divorcio sucede incluso cuando la persona no lo quería. Sin embargo, en su gracia y bondad, Dios da instrucciones claras y un camino recto. Los hombres de verdad no abandonan a su familia: ni a su esposa ni a sus hijos.

PREGUNTAS DE ESTUDIO

1. En lo personal, ¿de qué forma te han herido el divorcio y la disfunción familiar? ¿Quién romperá este ciclo? ¿Cómo puede ser tu matrimonio y familia mejor de lo que experimentaste cuando eras niño?

2. ¿Cuándo fue la última vez que meditaste en tus votos matrimoniales? ¿Es momento de renovarlos de manera formal (o informal)? ¿Cómo está tu compromiso con Dios?

3. Cualquiera puede abandonar a su familia. Cualquiera puede huir. Cualquiera puede destruir un matrimonio. ¿Cómo preservarás, protegerás y edificarás el tuyo? ¿Cuáles son los siguientes tres pasos que darás?

PARTE 12:

LOS HOMBRES DE VERDAD AMAN EL EVANGELIO Y A LA IGLESIA

La devoción a la iglesia comienza con un amor por el evangelio, las buenas nuevas del plan redentor de Dios a través de su Hijo unigénito, Jesucristo. La iglesia no es un edificio, sino más bien las personas que Dios ha llamado y apartado para conformar el cuerpo de Cristo. La iglesia existe como una entidad local y global.

Porque no me avergüenzo del evangelio, porque es poder de Dios para salvación a todo aquel que cree.

ROMANOS 1:16

Edificaré mi iglesia; y las puertas del Hades no prevalecerán contra ella.

MATEO 16:18

Tienes una sola responsabilidad sobre la tierra: salvar almas.

JOHN WESLEY

El requisito indispensable para producir cristianos piadosos y maduros es cristianos piadosos y maduros.[1]

KEVIN DEYOUNG

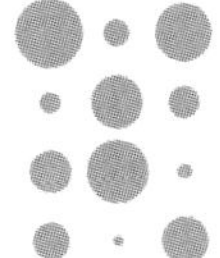

31

TODO O NADA

El evangelio es *atemporal*; es para toda nación, generación y etapa de la vida. Dentro de cien años, se necesitará tanto como hoy. Nunca habrá un momento de la historia humana en el que no sea indispensable.

El evangelio es *significativo*. A diferencia de mucho de lo que hacemos en la vida que no tiene ningún sentido, el evangelio que creemos y compartimos toma a una persona espiritualmente muerta y le da vida. Es el estándar dorado de todo lo que tiene significado.

El evangelio es *noble*. Ningún guerrero ha tenido jamás una causa más gloriosa por la que vivir, sacrificarse y morir. El evangelio tiene un peso supremo para los hombres de verdad. Puedes ver esto en la vida de Jesús, en la de los apóstoles y en la de hombres piadosos a lo largo de la historia.

EL EVANGELIO ES VERAZ

A todos nos gusta una apuesta segura, una victoria garantizada. Sin embargo, la experiencia nos dice que las cosas que aparentemente son seguras no lo son en verdad. De hecho, cuando alguien te promete que algo es seguro, puedes estar seguro de que no lo es. Por supuesto, a menos que te lo esté diciendo Jesús, el Hijo de Dios. Lee sus palabras:

> De cierto, de cierto te digo, que el que no naciere de nuevo, no puede ver el reino de Dios (Juan 3:3).

> De cierto, de cierto os digo: El que oye mi palabra, y cree al que me envió, tiene vida eterna; y no vendrá a condenación, mas ha pasado de muerte a vida (Juan 5:24).
>
> De cierto, de cierto os digo: El que cree en mí, tiene vida eterna (Juan 6:47).

El evangelio de Jesucristo es lo único seguro a lo que puedes apostarle la vida. Es lo único en lo que puedes invertir tu existencia sin remordimientos. Es lo único que produce todas las bendiciones de Dios en nuestra vida y en la de aquellos que amamos. Es *así* de veraz.

EL EVANGELIO ES MISIONAL

Puedes sentir la pasión que brota de tu alma. Tienes la necesidad de vivir por algo significativo, atemporal y noble. Nada es peor que ver a un hombre que ha invertido su vida, solo para sentir (y saber) que, al final, "lo que hice no sirvió de nada". Cientos de veces, he escuchado las mismas palabras: "¡Mark, desperdicié mi vida!".

Sin importar los dones, la educación, las oportunidades, los bienes financieros, la carrera ni la etapa de la vida que Dios te ha dado, Jesús te está llamando a participar en una misión. Esto requerirá valentía. Requerirá sacrificio. Será exigente. También será glorioso y eterno. Jesús ha dejado en claro tu misión:

> Id por todo el mundo y predicad el evangelio a toda criatura (Marcos 16:15).
>
> Por tanto, id, y haced discípulos a todas las naciones, bautizándolos en el nombre del Padre, y del Hijo, y del Espíritu Santo; enseñándoles que guarden todas las cosas que os he mandado; y he aquí yo estoy con vosotros todos los días, hasta el fin del mundo (Mateo 28:19-20).

> Pero recibiréis poder, cuando haya venido sobre vosotros el Espíritu Santo, y me seréis testigos en Jerusalén, en toda Judea, en Samaria, y hasta lo último de la tierra (Hechos 1:8).

No desperdicies tu vida. Esta es tu misión. Tiene implicaciones más grandes que cualquier misión militar en la historia. Desbanca y supera cualquier modelo de negocios en el planeta. Jesús te está llamando a ti. Él quiere movilizarte para la acción. ¿Por qué amar el evangelio de Jesús? Porque es tu misión.

EL EVANGELIO ES PODEROSO

Nos gustan las cosas poderosas: los aviones, los camiones, los automóviles, los tractores, los negocios, las personas, etcétera. ¿Quieres ver verdadero poder? Está en el evangelio de Jesucristo. Lee lo que dice la Palabra de Dios: "Porque no me avergüenzo del evangelio, porque es poder de Dios para salvación a todo aquel que cree; al judío primeramente, y también al griego" (Romanos 1:16).

El evangelio es tan poderoso que desata la gracia de Dios para salvar a las personas. Sin importar su nacionalidad, tono de piel, idioma, generación ni contexto económico o social, el evangelio puede convertir a una persona en hija de Dios, en ciudadana del cielo, en posesión de Dios. Ningún gobierno, negocio ni ninguna otra cosa creada tiene un poder igual. Sencillamente, no existe.

Muchas veces, las personas me dicen: "Mark, Dios nunca me aceptará. Él jamás perdonará lo que he hecho". Quizás, así te sientes ahora mismo. Debes saber esto: ¡El poder de Jesús es mayor que el poder del pecado! Por eso, la Biblia dice:

> No erréis; ni los fornicarios, ni los idólatras, ni los adúlteros, ni los afeminados, ni los que se echan con varones, ni los ladrones, ni los avaros, ni los borrachos, ni los maldicientes, ni los estafadores, heredarán el reino de Dios. Y esto erais algunos; mas ya habéis sido lavados, ya habéis sido santificados, ya habéis sido justificados

en el nombre del Señor Jesús, y por el Espíritu de nuestro Dios (1 Corintios 6:9-11).

¿Por qué amar el evangelio de Jesús? Porque es poderoso.

EL EVANGELIO ES CLARO

Hace un par de años, conocí a un hombre y comenzamos a hablar. Era listo, bien vestido, inteligente, educado y considerado. Como yo tenía una misión, después de un momento introduje a nuestra conversación el evangelio y le dije que Jesús, el Hijo de Dios, había venido para morir en la cruz y resucitar al tercer día. Lo invité a confiar únicamente en Cristo para poder tener vida eterna y tener una relación correcta con Dios. El hombre me miró con sorpresa y me dijo: "No puede ser tan sencillo".

Hermano, el evangelio es complejo en su ejecución. El Creador se hizo carne. Los teólogos lo llaman la unión hipostática. Podría abundar en el tema, pero sería suficiente decir que es complicado. Sin embargo, ¿qué pasa con la parte que necesitamos entender y comunicar para ayudar a las personas a unirse a la familia de Dios? Bueno, esa parte sí es sencilla y clara:

1. ***El pecado nos separa del Dios vivo.*** Todos hemos quebrantado los Diez Mandamientos y somos culpables moralmente delante de Dios. La consecuencia es el infierno… una eternidad separados de Dios.
    - "Por cuanto todos pecaron, y están destituidos de la gloria de Dios" (Romanos 3:23).
    - "Porque la paga del pecado es muerte, mas la dádiva de Dios es vida eterna en Cristo Jesús Señor nuestro" (Romanos 6:23).

2. ***Dios es bueno. Él tiene un plan para restaurarnos a sí mismo y darnos el regalo de la vida eterna.*** Jesús es el Salvador que Dios prometió y entregó. Él se hizo hombre, vivió una vida

sin pecado, murió en la cruz para pagar por nuestros pecados y Dios lo resucitó al tercer día.

- "Al que no conoció pecado [Jesús], por nosotros [Dios] lo hizo pecado, para que nosotros fuésemos hechos justicia de Dios en él" (2 Corintios 5:21).
- "Además os declaro, hermanos, el evangelio que os he predicado, el cual también recibisteis, en el cual también perseveráis; por el cual asimismo, si retenéis la palabra que os he predicado, sois salvos, si no creísteis en vano. Porque primeramente os he enseñado lo que asimismo recibí: Que Cristo murió por nuestros pecados, conforme a las Escrituras; y que fue sepultado, y que resucitó al tercer día, conforme a las Escrituras" (1 Corintios 15:1-4).
- "Mas Dios muestra su amor para con nosotros, en que siendo aún pecadores, Cristo murió por nosotros" (Romanos 5:8).

3. ***Todos necesitamos responder a Jesús y a su obra en la cruz.*** El regalo de salvación de Dios llega en el momento en que nos *arrepentimos* (es decir, cambiamos nuestra idea del pecado y confiamos únicamente en la obra de Jesús en la cruz para salvarnos del pecado) y *creemos* (es decir, confiamos o dependemos) solo en Él para reconciliarnos con Dios.

- "Porque por gracia sois salvos por medio de la fe; y esto no de vosotros, pues es don de Dios; no por obras, para que nadie se gloríe" (Efesios 2:8-9).
- "Mas a todos los que le recibieron, a los que creen en su nombre, les dio potestad de ser hechos hijos de Dios" (Juan 1:12).
- "El que tiene al Hijo, tiene la vida; el que no tiene al Hijo de Dios no tiene la vida. Estas cosas os he escrito a vosotros que creéis en el nombre del Hijo de Dios, para que

> sepáis que tenéis vida eterna, y para que creáis en el nombre del Hijo de Dios" (1 Juan 5:12-13).

La fe que salva incluye tres elementos:

1. *Conocimiento* de quién es Jesús y de lo que hizo en la cruz;
2. *asentimiento intelectual* a la realidad de su obra en la historia; y, por último,
3. *confianza únicamente* en Él para reconciliarte con Dios.

Cuando estos tres elementos se unen, tenemos una fe que salva.

Un hombre sabio dijo en una ocasión: "Estoy pronunciando *historia* cuando digo: 'Jesús murió'. Estoy pronunciando *teología* cuando digo: 'Jesús murió por los pecados'. Estoy pronunciando *salvación* cuando digo: 'Jesús murió por mis pecados'".

La Biblia describe un evento en Hechos 16 cuando dos cristianos, Pablo y Silas, fueron encarcelados por ayudar a una esclava. Ella había estado poseída por un demonio y ellos habían echado fuera al demonio mediante el poder de Cristo. Así que los pusieron en la cárcel por hacer el bien, no el mal. Durante la noche, compartieron sobre Jesús y entonaron alabanzas a Él.

En medio de la noche, un gran terremoto destruyó la cárcel, lo que creó una oportunidad para que Pablo y Silas escaparan. El carcelero, que sabía que la pena que le impondría Roma por perder a sus prisioneros era la muerte, sacó su espada y estaba a punto de suicidarse. Sin embargo, estos dos creyentes clamaron en la oscuridad: "No te hagas ningún mal, pues todos estamos aquí" (Hechos 16:28). Temblando, incrédulo de que estos hombres no hubieran huido para salvar su vida, se acercó a ellos y les dijo: "Señores, ¿qué debo hacer para ser salvo?". Ellos contestaron: "Cree en el Señor Jesucristo, y serás salvo, tú y tu casa" (Hechos 16:30-31).

Si todavía no has confiado solo en Jesucristo para ser aceptable ante Dios, *ahora es el momento*. ¡No te resistas a Dios! Si sientes que el Espíritu Santo está moviendo tu corazón ahora mismo, entonces cree en el

Señor Jesucristo y serás salvo. ¿Sabes que tu pecado te ha separado de Dios? ¿Sabes que Jesús murió en la cruz como la *única provisión* de Dios para pagar por tu pecado? ¿Confías ahora mismo solo en Jesús y en su obra para tu salvación? Si es así, exprésale tu fe en oración: "Señor, sé que el pecado me ha separado de ti y me ha garantizado un lugar en el infierno. Gracias por enviar a Jesús a morir en la cruz para pagar por el pecado, por mi pecado, y para recibir la ira que yo merecía. Confío únicamente en Él para salvación, ahora mismo, de la mejor manera que sé. Sálvame, Señor, en el nombre de Jesús".

Si repetiste estas palabras en oración, bienvenido a la familia de Dios. Ahora tienes al Espíritu Santo de Dios en ti para ayudarte, consolarte y abrirte los ojos.

La fe en Dios es más que una simple declaración; es un asunto del corazón. Dios no se deja engañar ni burlar. Si en verdad has puesto toda tu confianza en Cristo, el Espíritu Santo comenzará a transformar tu vida. Él te atraerá hacia las cosas de Dios. La fe que salva siempre se manifiesta en la vida. No de forma perfecta, sino más bien progresiva. La piedad es un proceso de crecimiento y comienza cuando te das cuenta de que eres pecador y de que Jesús murió para pagar tus pecados.

¿Por qué los hombres de verdad aman el evangelio? Porque es atemporal. Porque rezuma verdadero significado. Porque es tan noble que exige nuestra vida. Es así de sencillo y de claro.

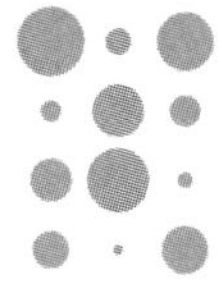

32

SIGUE EL PLAN

Satanás aborrece a la iglesia. Jesús ama a la iglesia. ¿De qué bando estás tú?

En muchos lugares, la iglesia ha estado bajo toda clase de ataques durante los últimos años. Muchas comunidades cristianas con historia que se remonta a tiempos inmemoriales han quedado destruidas. En Europa, ahora es ilegal leer en público algunas porciones de las Escrituras. Durante la pandemia de COVID-19, lo que comenzó como un cierre de 14 días de todos los establecimientos, incluyendo las iglesias, se convirtió en una batalla constante por el futuro y el alma de la iglesia.

Si la iglesia no te parecía preciosa antes del COVID-19, debería parecértelo ahora. Muchas fuerzas en el mundo moderno desearían destruir la iglesia, si les fuera posible, y están usando todos los medios a su alcance. En algunos casos, pueden llegar incluso a tener éxito en destruir ciertas entidades locales que llamamos iglesias y hasta en derribar o redefinir los edificios que solemos llamar iglesias. Sin embargo, ¡las puertas del infierno no prevalecerán contra la verdadera iglesia de Jesucristo!

Jesús nos llama a cada uno de nosotros, como miembros de la iglesia, a defender las verdades eternas de su Palabra (1 Pedro 3:15).

HOMBRES DE LA IGLESIA

Una de las grandes bendiciones de mi vida es que, desde el principio de mi caminar con Cristo, Dios me puso en una iglesia excelente. Los líderes amaban y enseñaban la Biblia. La gente me amaba también y me enseñaba. Gracias a esto, mi vida en la iglesia se convirtió en una aventura maravillosa.

Yo aprendo visualmente, de manera que necesito modelos y ejemplos. Ciertos hombres en la iglesia me permitieron ver a Cristo en acción por medio de ellos.

Hubo un hombre mayor allí que ahora está con el Señor, Ben Peek. Yo solía llegar a la iglesia temprano en mi bicicleta, pero Ben ya estaba allí. Siempre arreglaba todo para el servicio de comunión o se aseguraba de que los ujieres tuvieran sus instrucciones. Bajo su liderazgo, los diáconos pasaban al frente junto con los elementos de la comunión. Se quedaban de pie como cadetes del ejército, preparados para servir a 1.500 personas durante la mesa del Señor. Todos mantenían su mirada en Ben. Cuando él daba la señal, se movían al unísono para servir al pueblo de Dios. Ben amaba a su familia de la iglesia.

Jesse, que era veinte años mayor que yo, era el dueño y administrador de un rancho familiar. Conducía su camioneta 4x4 y a menudo también un remolque para caballos (con todo y caballos). ¡A mí me encantaba! Jesse de hecho acarreaba ganado hacia los cerros, tal como en las películas de vaqueros: "¡Pa'adelante, pa'arriba!". Era un vaquero de verdad y eso me impresionaba. Era divertido, ruidoso y rebosaba de vida. Por más ocupado que estuviera en el rancho, Jesse reservaba tiempo para participar en la iglesia. Dirigía los cantos, estudios bíblicos y juntas de líderes. Dirigía un negocio muy demandante, y seguro que terminaba cansado, pero amaba a la iglesia.

Frank era el propietario de una compañía de construcción y era reconocido en la región. Cuando se necesitó un proyecto de construcción en la iglesia, Frank lo hizo realidad. El tamaño y la complejidad del trabajo no importaban. Fuera grande o pequeño, él lo podía resolver. Frank utilizaba sus habilidades para el avance del evangelio. Era un siervo líder. Yo lo miraba entregarse de forma incansable y a gran precio para su persona. Él amaba a la iglesia.

Nick servía como uno de nuestros diáconos. También servía como coronel en las Fuerzas Aéreas de los Estados Unidos. Vivíamos cerca de la Base Área March, una base estratégica durante la Guerra Fría. Fue uno de los pilotos de B-52 que ayudaron a mantener a salvo a la nación... un sujeto increíble. Todos los domingos, él y su familia estaban en la iglesia. Nick enseñaba todo tipo de clases sobre Biblia, presidía el equipo de líderes y capacitaba a líderes jóvenes. Era un hombre de la Palabra y de la iglesia.

Dan era un profesional de clase media con una gran pasión por las montañas. Le encantaba pescar en los riachuelos de las montañas de Sierra Nevada. Era un hombre callado, sabio y reflexivo que disfrutaba de aventurarse por el desierto en su motocicleta de montaña. Trabajaba como profesional de la salud mental. Cuando Jera y yo éramos novios y estábamos alistándonos para casarnos, él fue nuestro maestro de escuela dominical. Era un gran siervo de Dios; también enseñaba un estudio bíblico en casa y servía en muchos roles de liderazgo. Dirigía igualmente un ministerio de consejería en nuestra iglesia. Este hombre tenía una pasión ardiente por Jesús.

También estaba Ken, un hombre de negocios que dirigía varias compañías y que servía de consultor para otras más. Él se había ganado una reputación como consejero sabio en toda la comunidad de negocios. Ken era un gran hombre y tenía un gran corazón para Dios, el evangelio y la iglesia. Era un excelente maestro de la Biblia y un hombre de oración. Sirvió con distinción como anciano durante muchos años. En África, arriesgó su vida para que otros escucharan de Jesús. Hacía lo mejor para la iglesia, incluso cuando no parecía ser lo mejor para él. Caminaba con Jesús y amaba a su iglesia.

Si estos hombres se hubieran juntado para darme un millón de dólares, ese dinero no se habría acercado ni un poco al valor que su ejemplo constante representó para mí.

EL AMOR A CRISTO INCLUYE AMOR POR SU IGLESIA

Desde el principio de mi caminar con Dios, yo pude ver a estos hombres y preguntarme: "¿Por qué son tan diferentes? ¿Por qué aman tanto a la iglesia? ¿Por qué sacrifican su tiempo, su energía y su dinero? ¿Por qué se esfuerzan?". Así, llegué a entender que su amor por Cristo incluía un amor por su iglesia.

Hoy, muchos cristianos se burlan de la iglesia. Algunos la resienten y hasta la odian. Quizás sienten que la iglesia los lastimó, los engañó o los decepcionó. Se olvidan de que la iglesia consiste en personas y que las personas suelen lastimar, engañar y decepcionar a otras.

Puede que la iglesia local esté muy lejos de donde debería estar, pero sigue siendo el centro de lo más grande e importante que está sucediendo en el mundo. Cuando una iglesia se reúne, sus miembros pueden experimentar la presencia de Jesús de formas especiales, únicas y poderosas, todo porque están plenamente enfocados en buscar a Dios.

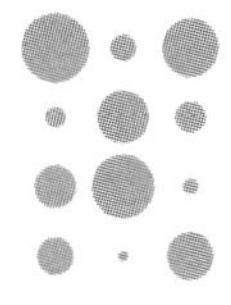

33

SIETE RAZONES POR LAS QUE LOS HOMBRES DEBEN AMAR A LA IGLESIA

¿Alguna vez has meditado en la realidad de que fuiste llamado a amar a la iglesia? Quizás la iglesia te parece más bien un lugar donde se enseña la Palabra y donde participas en ciertos tipos de actividades. Tal vez la iglesia te ha parecido más un lugar funcional donde se suplen tus necesidades. Sin embargo, es mucho más que eso. Eres un miembro vivo de un grupo de personas que se ministran y se cuidan entre sí. Tú tienes un papel en hacer de tu iglesia lo que es.

Dios anhela que amemos a la iglesia; aquí tienes las razones:

1. JESÚS AMA A LA IGLESIA

Efesios 5:25 dice: "Maridos, amad a vuestras mujeres, así como Cristo amó a la iglesia, y se entregó a sí mismo por ella". Observa cuánto amor le tiene Cristo a su iglesia. Él compara su amor por la iglesia con el amor marital.

Vivimos en la época del cristiano evangélico independiente. Un episodio de 2016 del show televisivo de la NBC, *The Voice* [La voz], presentó al cantante Sundance Head, que entonó una canción escrita en 1972 por

Tom T. Hall. La canción, "Me and Jesús" [Yo y Jesús], expresa el cristianismo en términos de un individualismo aventuresco y habla de un sujeto que escoge permanecer independiente de aquellos hermanos piadosos que alientan, enseñan, exhortan, corrigen, ayudan, aconsejan y ejemplifican cómo honrar a Dios y vivir bien.

Jesús fundó la iglesia. Es su creación y sirve para su gloria. Si andas en lo tuyo y esto no incluye a la iglesia, algo anda mal.

Jesús no es tu compañero; es tu Señor, es decir tu Amo. Debes saber que tu salvación está en Jesús, no en la iglesia. Sin embargo, para llevar una vida cristiana llena de éxito y de poder, necesitas a la iglesia. Jesús formó a la iglesia porque nos ama y sabe que nos necesitamos unos a otros.

El mundo de un bebé está centrado en sí mismo. Se deleita en jugar a taparse los ojos porque todavía no ha aprendido que los demás existen, incluso cuando él no los ve. Fuera de la vista y, luego… *¡sorpresa!* Mamá sigue allí. ¡Extraordinario! Día tras día, este pequeño madura y su mundo comienza a ampliarse más allá de sí mismo.

Lo mismo le sucede al creyente: crecer en madurez significa ver un mundo más grande que tú mismo. Ya no vas al servicio en la iglesia para que te alimenten espiritualmente, sino que comienzas a ir para ayudar a alimentar a otros. Ya no vas en busca de consuelo, sino más bien para ofrecer consuelo. Ya no vas para ser edificado, sino más bien para edificar. Luego, lo increíble sucede: regresas a casa alimentado, consolado y edificado.

¿Qué sucedió? Comenzaste a amar a la iglesia como Jesús la ama y a recordar que no se compone de ladrillos y cemento, sino más bien de personas.

Los hombres de verdad aman a la iglesia porque Jesús ama a la iglesia.

2. JESÚS ES SEÑOR DE LA IGLESIA

Digamos que trabajas en algún supermercado. Cuando llegas, ¿alguien usa el sistema de altavoces para alentarte en Cristo? He estado en muchos sitios de construcción y he escuchado pronunciar el nombre de Jesús muchas veces, pero casi nunca como Señor. En la universidad, los profesores y los estudiantes hablaban a menudo de Jesús, pero, de nuevo, casi nunca como Señor.

La iglesia es diferente. En la iglesia, no es inapropiado ni infrecuente escuchar a alguien decir: "Jesús es Señor". Efesios 1:22-23 dice que Dios "sometió todas las cosas bajo sus pies, y lo dio por cabeza sobre todas las cosas a la iglesia, la cual es su cuerpo, la plenitud de Aquel que todo lo llena en todo". Estas no son frases teológicas trilladas. Jesús es Señor en todo lugar, pero en la iglesia, reconocemos esta verdad, buscamos entenderla y nos exhortamos unos a otros a someternos a Él como Señor en nuestra vida.

La iglesia es la única organización que tiene un líder perfecto: Jesús. Nosotros fallamos, pero nuestro Líder no.

3. JESÚS DA PODER A LA IGLESIA

Necesitamos poder para llevar vidas piadosas. Necesitamos poder para amar a nuestra esposa e influenciar a nuestros hijos. Necesitamos poder para decir "no" al pecado y a la tentación. Necesitamos poder para "[proseguir] a la meta, al premio del supremo llamamiento de Dios en Cristo Jesús" (Filipenses 3:14).

Si estás leyendo este libro, has tenido tentaciones. De hecho, probablemente, cuando tomaste este libro hace un rato, puede que te hayas sentido tentado a hacer otra cosa. Tal vez, te cruzó por la mente algo así: *Esto es muy importante, pero puedo leerlo más tarde. Ahora mismo, están pasando mi programa de televisión favorito.*

Con tantas opciones de entretenimiento disponibles en cada segundo del día, siempre hay algo que te puede atraer. Satanás se esforzará por tentarte en cosas grandes y pequeñas, y su objetivo primordial es desviar tus pensamientos de Cristo. Ya hablamos antes del torrente de pensamientos de fuentes mundanas que nos golpea. Estos pensamientos tienden a atraernos hacia "todo lo que hay en el mundo, los deseos de la carne, los deseos de los ojos, y la vanagloria de la vida" (1 Juan 2:16).

¿Cómo resisten tú y tus hijos a tal embate? La determinación no será suficiente. Si intentas mentalizarte para portarte bien, te quedarás corto. Necesitas poder directamente del trono de Dios. También tus hijos necesitan ese poder. La iglesia funciona como conducto que les da a ti y a tu familia el poder para vivir una vida intransigente en medio de un mundo de maldad.

En Efesios 1:17-21, Pablo escribió:

> [Oro] para que el Dios de nuestro Señor Jesucristo, el Padre de gloria, os dé espíritu de sabiduría y de revelación en el conocimiento de él, alumbrando los ojos de vuestro entendimiento, para que sepáis cuál es la esperanza a que él os ha llamado, y cuáles las riquezas de la gloria de su herencia en los santos, y cuál la supereminente grandeza de su poder para con nosotros los que creemos, según la operación del poder de su fuerza, la cual operó en Cristo, resucitándole de los muertos y sentándole a su diestra en los lugares celestiales, sobre todo principado y autoridad y poder y señorío, y sobre todo nombre que se nombra, no solo en este siglo, sino también en el venidero.

"Que Dios alumbre los ojos de tu entendimiento". Esta es una oración para poner fin a la ceguera. ¿A qué somos ciegos? Este pasaje enumera tres ámbitos de ceguera que son comunes entre los creyentes, comenzando con "la esperanza a que él os ha llamado". Estas no son ilusiones infantiles. Más bien, está hablando de una esperanza firme y segura. El mundo tiende a quitarte la esperanza a ti, a tu esposa, a tus hijos y a tus hermanos creyentes. Ora para que el Espíritu Santo alumbre tus ojos a la esperanza del llamamiento que tienes en Cristo.

También necesitamos luz respecto a "las riquezas de la gloria de su herencia en los santos". Si nos medimos por los estándares del mundo, puede que pienses que estás en la ruina. No obstante, eres dueño de una herencia en los cielos, llena de riquezas sin precedentes e inconmensurables.

La tercera parte de la oración es que veamos "la supereminente grandeza de su poder para con nosotros los que creemos". ¡Cuán glorioso! Que Dios nos dé a cada uno entendimiento de corazón para ver "la supereminente grandeza de su poder" hacia nosotros. Tú puedes experimentar su poder en cualquier lugar, pero la iglesia nos ayuda a enfocarnos en echar mano de ese poder.

Por nuestra cuenta tendemos a vivir en esclavitud espiritual, en negación y en ciclos interminables de pecado y de derrota. Sin embargo, Jesús ofrece el poder del Espíritu de Dios para que podamos decir "no" al pecado y "sí" a la justicia. ¡Él nos da el poder para pelear... y para vencer!

Necesitamos recargarnos de este poder, y lo necesitamos de forma constante. Encontrarás el poder de Dios derramado de forma habitual *en la iglesia*. Si quieres enchufarte a esta fuente infinita de poder, ¡puedes hacerlo *en la iglesia*!

Allí, nos enchufamos al poder de Dios.

4. LA IGLESIA ES UN LUGAR DONDE SE DECLARA LA VERDAD

En 1 Timoteo 3:15, Pablo dijo: "[Te escribo] para que si tardo, sepas cómo debes conducirte en la casa de Dios, que es la iglesia del Dios viviente, columna y baluarte de la verdad".

Los académicos modernos enseñan a nuestros hijos que la verdad es maleable y que puede personalizarse para justificar cualquier comportamiento. Hablan de "mi verdad" y "tu verdad", como si la verdad cambiara para acomodarse a nuestras circunstancias específicas.

Sin embargo, la iglesia se afirma sobre la verdad de Dios que es inmutable. Y ¿qué es la verdad? Jesús la definió en una oración a su Padre en Juan 17:17: "tu palabra es verdad". En 2 Timoteo 4:2, los pastores reciben el mandato de predicar la Biblia, la Palabra de verdad. Las Escrituras nos dicen que, en los últimos días, la gente no querrá oír la verdad. En cambio, preferirán oír mitos y mentiras (2 Timoteo 4:3-4). La iglesia es el lugar para buscar la verdad de Dios: la verdad sobre nuestro origen, nuestro significado, nuestro propósito, la moralidad, la vida, Dios, el matrimonio, la crianza de los hijos, las finanzas, lo bueno y lo malo, el cielo y el infierno.

La iglesia de Jesucristo se afirma sobre la verdad. En Juan 14:6, Jesús dijo: "Yo soy [...] la verdad". La iglesia lo honra cuando honra la verdad y se afirma en ella. En 1 Timoteo 3:15 se explica que la iglesia es "columna y baluarte de la verdad". Es difícil imaginar algo más necesario en el mundo actual que la verdad.

5. JESÚS RESCATARÁ A LA IGLESIA

Jesús ha rescatado a los que forman parte de la iglesia de la pena del pecado, que es el infierno. En Juan 10:11, Jesús afirmó: "Yo soy el buen pastor; el buen pastor su vida da por las ovejas".

El buen pastor también hace algo más: Él rescata a las ovejas del peligro. La Biblia advierte que vendrá un período de tribulación. El libro de Apocalipsis describe esta época con gran detalle. Será un acontecimiento global, sin precedentes y cataclísmico. En 1 Tesalonicenses 1:10, dice que Jesús "nos libra [a la iglesia] de la ira venidera".

Jesús no salva ni rescata negocios, bancos, automóviles ni casas. Él rescata a la iglesia, su pueblo. ¿Eres parte de su pueblo? ¿Eres miembro de su pueblo? ¿Eres uno de sus hijos?

6. LA IGLESIA ES EL PROGRAMA DE JESÚS

Las iglesias siempre han estado en busca de nuevos y mejores programas. Hay mucha gente sincera que quiere hacer cosas grandes y nobles para Dios y transformar el mundo. Sin embargo, no necesitamos nuevos programas porque ya tenemos todo lo que necesitamos: la iglesia. Tómate un tiempo para leer el libro de los Hechos y verás a qué me refiero. Fue *la iglesia* la que predicó el evangelio, consoló a los afligidos, ayudó a los pobres y transformó el mundo.

Hace varios años, comencé a entender la profunda preocupación de Dios por los huérfanos. Poco después de esto, ayudé a fundar un orfanato en Uganda. Cuatro años después, el ministerio estaba cuidando a varios cientos de niños. Fue algo genial, pero no era el plan de Jesús. Me di cuenta de que las iglesias locales en Uganda podían cuidar de los huérfanos mejor que un orfanato, de manera que dirigí mis esfuerzos más bien hacia ayudar a las iglesias locales a conectarse con este ministerio.

Así que ayudamos a las iglesias locales a crear negocios familiares para proveer para sí mismos y para los niños. No necesitábamos un nuevo programa. Necesitábamos usar el que Jesús ya había puesto en marcha: la iglesia. La iglesia es su programa para impactar al mundo.

7. JESÚS EDIFICA SU IGLESIA Y LAS PUERTAS DEL INFIERNO NO PREVALECERÁN CONTRA ELLA

Jesús afirmó: "[Yo] edificaré mi iglesia; y las puertas del Hades no prevalecerán contra ella" (Mateo 16:18). Él pronunció estas palabras a sus discípulos en Cesarea de Filipo frente a un templo pagano. Yo he estado allí muchas veces y he meditado en lo que los discípulos estaban viendo mientras escuchaban las palabras de Jesús. Ellos pudieron ver este templo romano ornamentado en todo su esplendor, pero Jesús ni siquiera tenía una casa (mucho menos un templo). ¡Qué contraste!

Jesús tenía razón. El templo, con toda su gloria y su fama, fue destruido hace mucho tiempo, pero la iglesia de Jesús sigue en marcha alrededor del mundo 2.000 años después. Nada puede detener a la iglesia verdadera, el pueblo de Dios… ni Satanás, ni los falsos maestros, ni el gobierno, ni la persecución, ni el COVID-19.

La humanidad fabrica muchas cosas asombrosas y hermosas: automóviles, aviones, barcos, casas, edificios, compañías, organizaciones sin fines de lucro y muchas más. Eso es bueno. Dios tenía un propósito al diseñar a los seres humanos para ser constructores. Sin embargo, debes saber esto: En algún momento, todas estas cosas pasarán o caerán bajo la autoridad del Anticristo, incluyendo aquel hermoso y venerable edificio de tu iglesia.

Haz que tus sacrificios y tu esfuerzo duren; sé un hombre de la iglesia. Comprométete a fortalecerla y no te decepcionarás.

Jesús planificó que su iglesia fuera mucho más allá que simplemente existir. Él quiso usar a su iglesia como una herramienta fuerte, viva y dinámica. Él quiere usar a hombres como tú y como yo para hacer esto realidad. Desafortunadamente, muchos hombres son pasivos en lo espiritual. Y las iglesias se marchitan cuando sus varones no siguen el Código de los Hombres.

Dios ha llamado a los hombres a

- buscar el éxito bíblico,
- tener una ambición enfocada,

- asumir su responsabilidad,
- manifestar un carácter piadoso,
- mostrar consideración,
- proteger a los demás,
- trabajar con diligencia,
- respetar a la autoridad,
- honrar a su esposa e
- instruir a sus hijos.

Todo se viene abajo cuando los hombres

- abandonan a su familia y
- no aman el evangelio y a la iglesia.

¡Sé un hombre de la iglesia! Los hombres de verdad aman tanto el evangelio como a la iglesia.

PREGUNTAS DE ESTUDIO

1. ¿Qué es el evangelio de Jesús, el Cristo?

2. ¿Por qué es tan importante el evangelio? ¿De qué maneras transforma tu vida?

3. ¿Cómo puedes saber con seguridad que tienes vida eterna? (Ver 1 Juan 5:13).

4. Si el evangelio es claro y sencillo, ¿por qué tantas personas dejan de creerlo y de compartirlo y, finalmente, lo abandonan?

5. ¿Por qué son tan esenciales la iglesia global y las iglesias locales?

6. ¿Quién es la cabeza (la autoridad final) de la iglesia global y de la iglesia local?

7. La iglesia y la Palabra de Dios están inseparablemente ligadas. Sin la Biblia, ¿sobre qué se fundamenta la iglesia?

8. De las personas que has conocido en tu vida, ¿alguna se destaca como un ejemplo a seguir? ¿Por qué? ¿Qué clase de ejemplo eres tú para los demás?

9. ¿Sientes renuencia ante la idea de entregarte por completo a la iglesia local? Si es así, ¿qué te lo impide? ¿Por qué es tan importante tu participación?

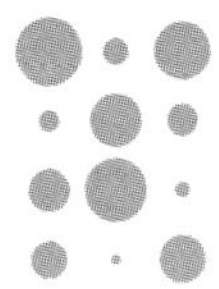

UN LLAMADO A LA ACCIÓN

Todos necesitamos un código por el cual vivir. Un código nos ofrece claridad para nuestra propia vida. Une a los que piensan igual. Define quiénes somos y lo que deberíamos ser. Establece metas de crecimiento y nos permite perseverar cuando las cosas se ponen difíciles. El Código de los Hombres ha hecho esto en mi caso, en el de mis hijos y en el de muchos otros.

No seas como muchos hombres en la actualidad que son pasivos y que desatienden el llamado de Dios para su vida. Acepta el Código de los Hombres y...

MEMORÍZALO

No hay excusa para no hacerlo. El Código de los Hombres está redactado en una hoja de repaso al final de este libro. Coloca esa hoja en tu espejo, en el retrovisor de tu auto o en tu computadora. Repásalo todos los días durante 30 días. Encuentra a un amigo y comprométete a esto delante de él: "Si no puedo recitarte el Código de los Hombres dentro de 30 días, te daré ____ (indica la cantidad de dinero)". Créeme: todos querrán ser tu compañero de rendición de cuentas y también podrás ayudar a ese amigo a memorizar el Código.

Ayuda a otros a memorizar el Código de los Hombres junto contigo. Descubre qué los motiva y úsalo para bien en su vida. Cada uno de mis nietos recibió un ofrecimiento perpetuo de mi parte: "Si memorizas y citas los 12 puntos de este Código de los Hombres, te ganarás _____ (indica la cantidad) por cada punto (un total de _____ la primera vez que recites la lista en orden)". Ahora, los mayores animan a los más pequeños a portarse como hombres y a memorizarlo. Para otras personas, puede ser una salida de pesca o boletos para un partido de fútbol.

Si eres padre, te sugiero no permitir que un joven se case con tu hija si no puede recitar el Código de los Hombres. Memorízalo con él y ayúdalo a incorporarlo a su vida.

VÍVELO

El Código de los Hombres no es un proyecto académico. No se trata únicamente de memorizar datos. Durante toda mi educación, me costó trabajo conectar los puntos del mundo académico con la vida real. ¿De qué me servirá esto durante los siguientes 20 años? El Código de los Hombres tiene que ver con los principios básicos de la vida real; el objetivo es vivirlo. Sé exitoso hoy (agrada al Señor). Protege a otros (tu mundo te necesita). Sé diligente en tu trabajo (adora a Dios en ese lugar). Ama el evangelio (alguien que conoces va de camino a una eternidad sin Cristo). Esto tiene todo que ver con la vida real. Es tremendamente importante.

Puede que tú y yo no transformemos el mundo entero, pero sí podemos transformar *nuestro* mundo. Vive conforme al Código y transforma a los que están a tu alrededor.

ENSÉÑALO

¿Qué estás transmitiendo a otros? ¿Qué te gustaría transmitir? Muchos hombres transmiten cosas de poco valor. Algunos transmiten un vocabulario vulgar, pasiones lujuriosas, egoísmo y temor. He conocido a muchos hombres así. Algunos de ellos parecen ser sujetos simpáticos, pero viven de forma pasiva y nada intencional. Algunos hombres apuntan un poco más alto y nos dejan con un fuego en el alma por la educación, la decencia, el trabajo, los deportes, las artes y otras ambiciones comunes. Unos pocos se levantan como secuoyas gigantes, alcanzan un nivel totalmente diferente y transmiten la esencia de la vida: ser un hombre de Dios, un hombre de verdad.

El Código de los Hombres es transferible. Es como una motosierra: parte toda la maleza que ha crecido en el alma del hombre. Es como clavos bien colocados que restauran la fuerza de una estructura débil. Es como una nueva capa de pintura que rejuvenece aquello que se desvanecía.

Mantente firme. Medita en el Código de los Hombres. El Señor te dará sabiduría. Enséñalo.

ESPÉRALO

Seguro que lo has escuchado: "Todos reciben hoy un premio solo por presentarse". Qué bonito. Todos se sienten bien. *Y qué iluso...*

Jesús nos da un principio de vida mucho mejor: "a todo aquel a quien se haya dado mucho, mucho se le demandará" (Lucas 12:48). ¿Recuerdas la parábola de Jesús sobre los talentos (Mateo 25:14-30)? Es una historia que enseña esta verdad espiritual. En resumen, un hombre rico salió de viaje y dejó a tres de sus siervos con grandes sumas de dinero que invertir. Cada uno recibió una cantidad conforme a su habilidad, pues no todos tenían la misma. Un hombre recibió un talento (un talento equivalía aproximadamente a entre 26 y 36 kilos [58-80 lb] de plata). Otro recibió dos talentos, y el último, cinco.

Cuando el propietario regresó de su largo viaje y ajustó cuentas con ellos, resultó que los que habían recibido dos y cinco talentos se habían esforzado y duplicado los activos de su amo. Este los honró por sus esfuerzos. Sin embargo, el que había recibido un talento lo había escondido, de manera que no produjo nada. Cuando compareció ante el dueño, lo devolvió, pero sin intereses. El propietario no se impresionó y llamó a este hombre malo y negligente (v. 26).

Al igual que los hombres de la parábola, nosotros también daremos cuentas al Rey Jesús por la forma en la que usemos lo que nos ha confiado en esta vida.

De nuevo, es importante entender el principio: A todo aquel a quien se le haya dado mucho, mucho se le demandará. Como varón cristiano, Dios te ha dado vida, cierta salud e inteligencia, vida eterna y el Espíritu Santo. Y, en las Escrituras, Él te ha dado las prioridades que se expresan en el Código de los Hombres. Dios espera que vivas una vida buena, plena y significativa. Él espera ver el Código de los Hombres ejemplificado en ti.

Por tanto, también debemos esperar esto los unos de los otros. Tú puedes (y debes) esperarlo de mí. Ten por seguro que yo lo espero de ti.

UN HOMBRE DE VERDAD

"Tengo otro grupo de hombres", me dijo Joaquín en el teléfono. Estaba emprendiendo otra aventura para varones en Sierra Nevada. Aunque los hombres que acompañaban a Joaquín buscaban truchas arcoíris, él estaba a la pesca de algo mucho más grande… ¡ellos!

Joaquín es un esposo, padre y hombre de negocios exitoso en el sur de California. Es un hombre sumamente talentoso que tiene muchas responsabilidades y compromisos. Desde una perspectiva humana, tiene toda la motivación y el éxito.

Sin embargo, su éxito es mucho más profundo y, además, eterno. Él no solo ha confiado en Jesús, sino que también lo sigue. Joaquín sigue a Jesús en la misión del evangelio al orar por cada uno de sus clientes antes de sus consultas con él. Joaquín sigue a Jesús al proteger a los vulnerables dentro de su esfera de influencia. Joaquín sigue a Jesús al cuidar de las necesidades espirituales, emocionales y físicas de su esposa y de su familia. Joaquín vive el Código de los Hombres delante de Dios y de los demás.

Sus aventuras de montaña para varones están cargadas de propósito. Joaquín ejemplifica y enseña a sus amigos e invitados los principios que se reflejan en el Código de los Hombres. Siempre me entusiasma escuchar las increíbles historias de cómo Dios trabajó en cada expedición, ¡pero el l*egado eterno* que se cultiva en los hombres es aún más poderoso! No tengo ni idea de cuántas vidas han sido transformadas mediante el ministerio de Joaquín, pero mi viaje con él hace diez años transformó mi vida. Cuando él llegue delante de la presencia de Cristo, ten por seguro que recibirá honra por conocer el Código de los Hombres, por vivirlo, por enseñarlo y por esperarlo.

Hermano, es tu turno. ¡Levántate!

¡Sigue el Código!

EL CÓDIGO DE LOS HOMBRES

12 PRIORIDADES QUE TODO HOMBRE DEBE CONOCER

UN HOMBRE DE VERDAD…

1. Busca el éxito bíblico.
2. Tiene una ambición enfocada.
3. Asume su responsabilidad.
4. Manifiesta un carácter piadoso.
5. Muestra consideración.
6. Protege a los demás.
7. Trabaja con diligencia.
8. Respeta a la autoridad.
9. Honra a su esposa.
10. Instruye a sus hijos.
11. No abandona a su familia.
12. Ama el evangelio y a la iglesia.

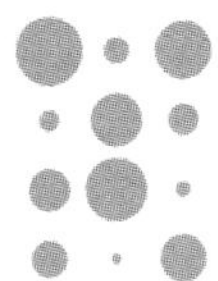

NOTAS

CAPÍTULO 1: ESTAMOS EN CRISIS

1. Nicole M. Fortin, Philip Oreopoulos, Shelley Phipps, "Leaving Boys Behind: Gender Disparities In High Academic Achievement", *National Bureau of Economic Research*, agosto de 2013, http://www.nber.org/papers/w19331.
2. Linda Poon, "Girls Get Good Grades But Still Need Help. As for Boys…SOS", *NPR*, 29 de enero de 2015, https://www.npr.org/sections/goatsandsoda/2015/01/29/382413365/girls-get-good-grades-but-still-need-help-as-for-boys-sos.
3. Dante Chinni, "More women than men have college degrees. That's good news for Democrats", *NBC News*, 20 de agosto de 2023, https://www.nbcnews.com/meet-the-press/data-download/women-men-college-degrees-good-news-democrats-rcna100833.
4. Alexandre Tanzi, "U.S. Women Outpacing Men in Higher Education: Demographic Trends", *Bloomberg*, 6 de agosto de 2018, https://www.bloomberg.com/news/articles/2018-08-06/u-s-women-outpacing-men-in-higher-education-demographic-trends.
5. Warren Farrell, "The Boy Crisis: A Sobering Look at the State of Our Boys", TEDxMarin, 2016.
6. John Woodrow Cox y otros, "More than 357,000 students have experienced gun violence at school since Columbine", *The Washington Post*, 26 de octubre de 2023, https://www.washingtonpost.com/education/interactive/school-shootings-database/.
7. "Mental Health by the Numbers", *National Alliance on Mental Illness*, 2021, https://www.nami.org/mhstats.
8. Daniel Patrick Moynihan, "Defining Deviancy Down: How We've Become Accustomed to Alarming Levels of Crime and Destructive Behavior", *American Educator*, invierno de 1993/1994, https://nation.time.com/wp-content/uploads/sites/8/2012/03/defining deviancy-down-amer educator.pdf.
9. Annalies Winny, "Life Expectancy Is Declining in the U.S. It Doesn't Have to Be", *Johns Hopkins University Bloomberg School*, 6 de diciembre de 2022, https://publichealth.jhu.edu/2022/life-expectancy-is-declining-in-the-us.
10. Dra. Edith Bracho-Sanchez, "Suicide rates in girls are rising, study finds, especially in those age 10 to 14", *CNN*, actualizado el lunes 20 de mayo de 2019, https://www.cnn.com/2019/05/17/health/suicide-rates-young-girls-study/index.html.
11. Jamie Ducharme, "The Gap Between Male and Female Youth Suicide Rates Is Narrowing in the U.S.", *Time*, 17 de mayo de 2019, https://time.com/5590344/youth-suicide-rates/.

12. "Suicide Mortality in the United States, 2000-2020", *Centers for Disease Control and Prevention*, https://www.cdc.gov/nchs/products/databriefs/db433.htm.

13. Jack Brewer, "ISSUE BRIEF: Fatherlessness and its effects on American society", *America First Policy Institute*, 15 de mayo de 2023, https://americafirstpolicy.com/latest/issue-brief-fatherlessness-and-its-effects-on-american-society.

14. Kristen Rogers, "US teens use screens more than seven hours a day on average—and that's not including school work", *CNN*, 29 de octubre de 2019, https://www.cnn.com/2019/10/29/health/common-sense-kids-media-use-report-wellness/index.html.

15. PsychGuides.com afirma, "Una de cada cinco búsquedas en internet en dispositivos móviles son pornográficas [...] el 88% de las escenas pornográficas contienen agresiones físicas". Según Webroot, el 35% de todas las descargas en internet están relacionadas con la pornografía: "Porn Addiction", *PsychGuides.com*, https://www.psychguides.com/behavioral-disorders/porn-addiction/#:~:text=Pornography%20Statistics&text=1%20in%205%20internet%20searches,porn%20scenes%20contain%20physical%20aggression. *Psychology Today* informa, "Más del 90% de los jóvenes reportan mirar videos pornográficos con un cierto grado de regularidad": "Porn Addiction", *Psychology Today*, https://www.psychologytoday.com/us/basics/porn-addiction.

16. Según un estudio de la Kaiser Family Foundation, "Los jóvenes de entre 8 y 18 años pasan más tiempo con las redes sociales que en ninguna otra actividad, salvo (probablemente) por el sueño, un promedio de más de siete horas y media por día, siete días a la semana": "Generation M2: Media in the Lives of 8 to 18-Year-Olds", *Kaiser Family Foundation*, https://www.kff.org/other/event/generation-m2-media-in-the-lives-of/. Recovery Village afirma, "El 64% de la población de Estados Unidos es un *gamer*. La edad promedio de los *gamers* hombres es de treinta y tres años [...]. Los hombres de entre 18 y 24 años son los más propensos a la adicción a los videojuegos. El análisis por género revela que el 94% de los *gamers* son hombres y el 6%, mujeres": "Video Game Addiction Statistics," *choosingtherapy.com*, https://www.choosingtherapy.com/video-game-addiction/#:~:text=In%20an%20overview%20of%20current,Recovery%20Village%20reported%20the%20following%3A&text=64%25%20of%20the%20U.S.%20population,gamer%20is%2037%20years%20old.

17. El "hedonismo presente" es una de las perspectivas temporales propuestas por Philip Zimbardo, psicólogo y profesor emérito de la Universidad Stanford.

CAPÍTULO 2: EL CÓDIGO DE LOS HOMBRES

1. Citado en Patrick Dorinson, "Why the Cowboy Code Is Not Frivolous", *Fox News*, 10 de febrero de 2011, https://www.foxnews.com/opinion/why-the-cowboy-code-is-not-frivolous.

2. "West Point Cadet Honor Code and Honor System", *United States Military Academy West Point*, https://www.westpoint.edu/military/simon-center-for-the-professional-military-ethic/honor#:~:text=West%20Point's%20Cadet%20Honor%20Code,or%20tolerate%20those%20who%20do.%22&text=Here%20is%20a%20brief%20overview,established%20Character%20Integration%20Advisory%20Group.

3. Fuente: un discurso que Douglas MacArthur pronunció en West Point dos años antes de su muerte.

PARTE 1: LOS HOMBRES DE VERDAD BUSCAN EL ÉXITO BÍBLICO

1. Marco Aurelio, *Meditaciones*, trad. Ramón Bach Pellicer (España: Gredos, 1977), X.16.

2. Estas palabras se atribuyen a Sócrates, el filósofo griego, que vivió *ca*. 470-399 a. C.

CAPÍTULO 4: EL ÉXITO DE DAVID

1. "Personal Protective Equipment: Army and Marine Corps Are Pursuing Efforts to Reduce the Weight of Items Worn or Carried in Combat", *Government Accountability Office*, mayo de 2017, https://www.gao.gov/assets/gao-17-431.pdf.

2. Tim Collins, "Roman sling-bullets used against Scottish tribes 2,000 years ago were as deadly as a .44 Magnum", *The Daily Mail*, 25 de mayo de 2017, https://www.dailymail.co.uk/sciencetech/article-4541318/Roman-sling-bullets-deadly-44-Magnum.html#:~:text=Roman%20sling%20bullets%20used%20against,44%20Magnum&text=Tribal%20warriors%20who%20faced%20an,those%20in%20a%20modern%20handgun.

PARTE 2: LOS HOMBRES DE VERDAD TIENEN UNA AMBICIÓN ENFOCADA

1. Esta cita de Bruce Lee aparece en muchos lugares, entre ellos, Hal Berman, "Bruce Lee's Secret—Five Focus Lessons from a Master", *Hal Berman*, 21 de septiembre de 2020, https://www.halberman.com/post/bruce-lee-s-secret-five-focus-lessons-from-a-master.

2. "Biography of Napoleon Bonaparte, Great Military Commander", *ThoughtCo.*, https://www.thoughtco.com/napoleon-bonaparte-biography-1221106.

CAPÍTULO 6: CÓMO VENCER LAS DISTRACCIONES

1. K. Anders Ericsson y otros, "The Making of an Expert", *Harvard Business Review*, julio-agosto de 2007, https://hbr.org/2007/07/the-making-of-an-expert.

2. K. Anders Ericsson, "Guest Post: The Danger Of Delegating Education To Journalists", *radical scholarship.com*, 3 de noviembre de 2014, https://radicalscholarship.com/2014/11/03/guest-post-the-danger-of-delegating-education-to-journalists-k-anders-ericsson/.

CAPÍTULO 7: EL HOMBRE QUE RESCATÓ AL MUNDO

1. C.S. Lewis, "On Stories", en *Of Other Worlds: Essays and Stories* (Nueva York: Harcourt Brace Jovanovich, 1966), 15. "On Stories" se publicó originalmente en 1947.

PARTE 3: LOS HOMBRES DE VERDAD ASUMEN SU RESPONSABILIDAD

1. Tomado de un discurso de Winston Churchill, citado por la *International Churchill Society*, https://winstonchurchill.org/old-site/learn/speeches-learn/the-price-of-greatness/.

2. Tomado del discurso inaugural de John F. Kennedy el 20 de enero de 1961

CAPÍTULO 9: EL HOMBRE QUE RESCATÓ A UNA MUJER Y TRANSFORMÓ A UNA NACIÓN

1. Muchas veces, los líderes de las naciones en la antigüedad proclamaban ciertos dictámenes a favor de los pobres, pero las leyes mismas nunca ofrecían provisión para ellos.

PARTE 4: LOS HOMBRES DE VERDAD MANIFIESTAN UN CARÁCTER PIADOSO

1. Esta cita se atribuye generalmente a Abraham Lincoln; fuente original, desconocida.

2. Citado en "Benjamin Franklin's Famous Quotes", *The Franklin Institute*, https://www.fi.edu/en/benjamin-franklin/famous-quotes#:~:text=%E2%80%9CWhat%20more%20valuable%20than%20Gold,Virtue.%E2%80%9D.

CAPÍTULO 10: CÓMO FORJAR Y EMPLEAR EL CARÁCTER

1. Si eres una mujer o una joven y estás leyendo esto, no te sientas excluida. Los principios de Proverbios también se aplican a ti.

2. Maria Campbell y James Freeman Clarke, *Revolutionary Services and Civil Life of General William Hull* (Nueva York: D. Appleton & Company, 1848), 265-266.

3. Jon Simpson, "Finding Brand Success in the Digital World", *Forbes*, 25 de agosto de 2017, https://www.forbes.com/sites/forbesagencycouncil/2017/08/25/finding-brand-success-in-the-digital-world/.

CAPÍTULO 11: EL CARÁCTER PROBADO POR FUEGO

1. Muchos escuchan la historia de Sadrac, Mesac y Abednego y se preguntan dónde estaba Daniel durante el episodio del horno de fuego. Daniel era un oficial de alto rango en el Imperio babilónico, un imperio gigantesco. Abarcaba una gran parte de lo que ahora llamamos el Medio Oriente. No había telégrafos, ni teléfonos, ni correos electrónicos. Así pues, tiene sentido que Daniel pudiera haberse encontrado viajando en asuntos del imperio en el momento en el que sus amigos se metieron en problemas en Babilonia. Probablemente, ni siquiera se enteró de los eventos de su provincia sino hasta semanas después que ocurrieran. Incluso si lo hubiera sabido, viajar de vuelta le habría tomado mucho tiempo.

2. Robert Francis Harper, "The Biblical World: Nebuchadnezzar, King of Babylon", University of Chicago, julio de 1899.

PARTE 5: LOS HOMBRES DE VERDAD MUESTRAN CONSIDERACIÓN

1. Esta cita se atribuye generalmente a Bryant McGill; fuente original desconocida.

2. Booker T. Washington, *Up from Slavery: An Autobiography*, Project Gutenberg eBook, https://www.gutenberg.org/cache/epub/2376/pg2376-images.html.

CAPÍTULO 12: LA CONSIDERACIÓN Y LA VERDAD

1. La NTV nos ayuda a ver que Tito dirigía a un grupo de hermanos en el Señor que "le dan honor a Cristo".

2. Alan Tacca, "Easter 2020: Is a quieter God in control?", *Daily Monitor*, 12 de abril de 2020, https://www.monitor.co.ug/uganda/oped/columnists/allan-tacca/easter-2020-is-a-quieter-god-in-control--1884956.

CAPÍTULO 13: TRES TIPOS DE CONSIDERACIÓN

1. Alexa Mellardo, "10 Of The Sexiest Things A Guy Can Do That Have Nothing To Do With Sex", *Elite Daily*, 14 de april de 2016, https://www.elitedaily.com/dating/how-to-be-sexy/1457052.

2. Regina Corso, "Three in Five Americans Say U.S. Has Long Way to Go to Reach Gender Equality", *The Harris Poll*, 16 de agosto de 2010, http://multivu.prnewswire.com/mnr/harrisinteractive/44727/.

3. Emily Esfahani Smith, "Let's Give Chivalry Another Chance", *The Atlantic*, 10 de diciembre de 2012, https://www.theatlantic.com/sexes/archive/2012/12/lets-give-chivalry-another-chance/266085/.

4. *Chicago Record Herald*, domingo, 21 de abril de 2012.

PARTE 6: LOS HOMBRES DE VERDAD PROTEGEN A LOS DEMÁS

1. Jeff Cooper, *The Art of the Rifle* (Boulder, CO: Paladin Press, 1997), 10.

CAPÍTULO 14: EL PROTECTOR

1. Adam Gabbatt, "New Hampshire man chokes to death coyote who attacked toddler", *The Guardian*, 21 de enero de 2020, https://www.theguardian.com/us-news/2020/jan/21/new-hampshire-coyote-choke-death-toddler.
2. Ian Janssen, Steven B. Heymsfield, ZiMian Wang y Robert Ross, "Skeletal muscle mass and distribution in 468 men and women aged 18-88", *Journal of Applied Psychology* (1 de julio de 2000), 89(1): 81-88.
3. A. E. Miller y otros, "Gender differences in strength and muscle fiber characteristics", *European Journal of Applied Physiology and Occupational Physiology* (1993), 66(3): 254-62.

PARTE 7: LOS HOMBRES DE VERDAD TRABAJAN CON DILIGENCIA

1. Citado en Ryan Yuenger, "First-year Bay City Western coach instills motto used by Kevin Durant, Tim Tebow", *MLive*, 6 de abril de 2016, https://www.mlive.com/staff/ryuenger/posts.html.
2. Esta cita se atribuye generalmente a Colin Powell; fuente original desconocida.

CAPÍTULO 18: DIOS Y EL TRABAJO

1. "Slave societies", *Britannica*, https://www.britannica.com/topic/slavery-sociology/The-law-of-slavery.
2. "The Roman Empire in the First Century," *PBS*, https://www.pbs.org/empires/romans/empire/slaves_freemen.html#:~:text=In%20hard%20times%2C%20it%20was,selling%20their%20children%20into%20slavery.&text=All%20slaves%20and%20their%20families,whipped%2C%20branded%20or%20cruelly%20mistreated.
3. "Food Waste FAQs", *US Department of Agriculture*, https://www.usda.gov/foodwaste/faqs.
4. "New FDA Food Code Reduces Barriers to Food Donations", *US Food and Drug Administration*, 14 de febrero de 2023, https://www.fda.gov/food/cfsan-constituent-updates/new-fda-food-code-reduces-barriers-food-donations.

PARTE 8: LOS HOMBRES DE VERDAD RESPETAN A LA AUTORIDAD

1. H.W. Crocker III, *Robert E. Lee on Leadership* (Washington, DC: Regnery, 1999), 172.

CAPÍTULO 19: ¿QUÉ ES LA AUTORIDAD?

1. "World Watch List 2023: More than 360m Christians suffer high levels of persecution and discrimination for their faith", *Open Doors*, 2003, https://www.opendoors.org/en-US/persecution/countries/.

CAPÍTULO 20: SUJETO AL HOMBRE, PROTEGIDO POR DIOS

1. Patrick Ryan, "Top 10 Evil People From Ancient Times", *ListVerse*, 30 de mayo de 2012, https://listverse.com/2012/05/30/top-10-evil-people-from-ancient-times/.

CAPÍTULO 22: EL HOMBRE QUE SE SOMETIÓ Y GOBERNÓ

1. Este pudo haber sido otro nombre con el que se conocía a Ciro de Persia.

PARTE 9: LOS HOMBRES DE VERDAD HONRAN A SU ESPOSA

1. Martin H. Manser, *The Westminster Collection of Christian Quotations* (Louisville, KY: Westminster John Knox Press, 2001), 240.
2. Dave Willis, publicación en Facebook del 6 de mayo de 2017, https://www.facebook.com/davewillis78/posts/great-marriages-dont-happen-by-luck-or-by-accident-they-are-the-result-of-a-cons/1856591827998213/.

CAPÍTULO 24: REFLEXIONES PARA LOS SOLTEROS

1. Jerri Menges, "Tony Evans Presses On", *Decision*, 20 de julio de 2021, https://decisionmagazine.com/tony-evans-presses-on/.

PARTE 10: LOS HOMBRES DE VERDAD INSTRUYEN A SUS HIJOS

1. Discurso dado por Franklin D. Roosevelt en la Universidad de Pennsylvania el 20 de septiembre de 1940, https://www.presidency.ucsb.edu/documents/address-university-pennsylvania.
2. Matthew Henry, *Matthew Henry's Commentary*, 2 Samuel, capítulo 13, versículos 1-20, *Bible Gateway*, https://www.biblegateway.com/resources/matthew-henry/2Sam.13.1-2Sam.13.20.

CAPÍTULO 26: DOCE ÁMBITOS DE LA INSTRUCCIÓN

1. Juan 1:3 nos explica que Jesús es el Creador de todo lo que existe.

PARTE 11: LOS HOMBRES DE VERDAD NO ABANDONAN A SU FAMILIA

1. Esta cita se atribuye generalmente a Ronald Oliver; fuente original desconocida.

CAPÍTULO 29: EL DIVORCIO

1. Bradley R.E. Wright, *Christians Are Hate-Filled Hypocrites… and Other Lies You've Been Told: A Sociologist Shatters Myths from the Secular and Christian Media* (Minneapolis, MN: Bethany House, 2010), 133.
2. Si quieres aprender más sobre los votos matrimoniales, lee 1 Corintios 7:10-16, 25-40.

CAPÍTULO 30: "LO QUE DIOS HA UNIDO"

1. Evidentemente, hay casos cuando uno de los cónyuges no puede tener relaciones por algún problema físico. Esta persona no está condenada ni tampoco le da esto permiso a su cónyuge para "buscar en otro sitio". La vida es complicada. Busca consejo sabio. Busca la gracia de Dios para amar a tu cónyuge y serle fiel.

PARTE 12: LOS HOMBRES DE VERDAD AMAN EL EVANGELIO Y A LA IGLESIA

1. Kevin DeYoung, "Reaching the Next Generation: Hold Them with Holiness", *The Gospel Coalition*, 21 de octubre de 2009, https://www.thegospelcoalition.org/blogs/kevin-deyoung/reaching-the-next-generation-hold-them-with-holiness/.